눈 속에 피고 지는
이름없는 들꽃처럼

김경화 에세이집

창조문학사

■ 에세이집을 내면서

1년 365일, 화살처럼 빠른 세월의 바퀴에 떠밀려 새로운 한 해를 맞은 지도 어언 한 달을 넘기고 2월도 하순에 접어들고 있습니다.

세월은 유수와 같아서 이제 곧 다가올 봄소식을 앞두고 지난겨울은 유난히도 춥고 길었던 혹한도 차츰 물러갈 것이며 어김없이 찾아오는 사계절의 절기는 자연의 섭리요. 지구가 움직임을 정지하는 그날까지 영원토록 존재의 상징이 될 것입니다.

멀지 않아 남녘에서 불어오는 봄바람은 감미로운 훈풍에 실려 아름다운 금수강산에 사뿐히 내려앉아 봄의 향연을 펼칠 준비를 서둘고 있습니다. 인간이 태어나서 7, 80년을 생사고락을 겪으며 살다가 언젠가는 내 본향으로 돌아갈 그날을 알고 이 세상과의 이별을 겸허하게 맞이할 사람은 몇이나 될까요?

한치 앞을 모르고 살다가 어느 날 예고 없이 저 세상으로 훌쩍 떠나는 엄연한 현실 앞에 길고 긴 지난겨울 낮과 밤에 홀로 방 안에 틀어박혀 한번 발병하면 영원히 치유될 수 없는 불치의 병과 싸우면서 다만 진행을 멈추게 하는 약물치료를 겸하여 힘든 삶을 이어가는 몸으로 남은 생애 지고 갈 십자가를 등에 메고 저문 황혼 길을 더듬어 가야 할 길목에 서 있습니다.

그토록 원하고 소망했던 긴 세월의 흔적을 이 한 권의 책에 담아 펼쳐내기를 갈망했던 지난날을 반추하면서 돌이켜 보면 이 세상에 남기고 갈만한 흔적은 찾아볼 수 없지만 불행 속에 짧은 행복이란 너무나 소중하고 귀한 것이기에 순간순간을 아끼고 마음 갈피마다 새겨놓은 삶의 조각들이 세상에 밝혀지는 날 나와 같이 기구한 운명을 갖고 태어난 사람들에게 위로와 공감을 할 수 있다면...

앞으로 얼마 남지 않는 나머지 인생을 통하여 이제껏 살아온 그 많은 고난과 역경 속에서 피해갈 수 없었던 막다른 길목 모퉁이에 이르면 마음에서 지친 삶들이 사방으로 부서져 내리고 한 가닥 여린 희망처럼 솟구쳐 오르는 어설픈 언어들을 간추려 정리하면서 마치 죽음을 재촉하듯 서둘러 그동안 틈틈이 써 모아둔 글들을 수집해서 수정하고 검토하여 정리까지 끝난 지금에 와서.

드디어 돌아오는 춘삼월 출판에 들어갈 예정이지만 왠지? 마음 한 구석에선 늘 모자람이 채워지지 않는 부족한 졸작임을 스스로 일깨우며 후회와 만족함이 교차되는 순간순간을 더듬어 봅니다. 서서히 사위어 가는 모닥불처럼 위태로운 생명 붙잡아 주시고

이처럼 느린 동작이지만 움직일 수 있도록 허락해 주시고 어린아이처럼 서툰 걸음걸이 넘어질세라 지금도 한없는 탄식으로 나를 위해 기도하시는 성령주님께 깊은 감사와 영광을 돌려드리면서 필을 놓습니다.

2013년 2월

김 경 화

눈 속에 피고 지는 이름없는 들꽃처럼
김경화 에세이집

차 례

第3부 꽃의 예찬

第4부 가시나무새

제 1 부
사랑싸움은 칼로 물 베기

한국 나들이

딸이 인천공항에 도착했다. 결혼 전에 입던 무스탕 반코트에 낡은 청바지를 입은 딸은 전과 달리 많이 변한 모습이다.

결혼하기 전에는 피부가 곱지 않아서 늘 불만이 많았었다. 이제는 윤기나는 피부가 몰라보게 고와졌고 성격도 예전과 달리 활기차고 발랄한 모습이 내 마음을 한결 가볍게 해 줬다.

역시 그 나라는 물도 공기도 오염되지 않아서 피부도 부드럽고 옷도 쉬 더러워지지 않는다는 말이 이해가 됐다.

처음 유럽에 갔을 때는 기후변화가 심한데다 음식이 입에 맞지 않아 어려움을 겪었다. 문화와 언어와 풍습이 전혀 다른 이국땅에 시집가서 갑자기 뒤바뀐 생활환경에 적응하지 못하고 날마다 눈물의 세월을 보낸다고 했다.

그토록 절박하고 기막힌 사연을 들은 지가 엊그제 같은데... 세월이 약이라 했던가? 이제는 그쪽 생활에 더 익숙해져서 친정에 머문 동안 시차 때문에 밤낮이 뒤바뀌어서 얼마동안은 애를 먹었다. 잠시 덴마크에 두고 온 남편 생각에 늘상 컴퓨터 앞에 앉아 이-메일을 주고받느라 밤늦은 시간까지 자판기를 두드려 대는가 하면 혼자 온 것이 마음에 걸려서 쉬 잠 못 드는 밤이 곁에서 보기에도 안쓰럽다.

딸은 세월의 부피만큼 생활습관이나 성격이나 생각하는 사고방식도 많이 달라져 돌아왔다. 우선 딸에게서 풍기는 냄새가 다르고 얼굴

또한 유럽인 남편의 모습으로 닮아 가는 느낌이 들었다. 그래서 함께 사는 부부는 닮는다고 했던가. 김치를 먹으면 배가 아프다며 매운 음식은 먹지 않고 담백하고 신선한 야채만 가려서 먹는다.

평소에 즐겨먹던 군것질은 살찐다며 일체 먹지 않고 하루 세끼 차려주는 밥상을 군말 없이 먹어주는 심성이 고마웠다. 무엇보다 놀라운 사실은 이곳 한국에서 직장을 다닐 때는 화장하고 몸치장하는 시간이 보통 30분 내지 1시간이 걸렸었다.

이번에 한국에 있는 동안 외출하는데 걸리는 준비 시간은 단 10분이면 충분했다. 세수하고 로션만 찍어 바른 맨 얼굴에 눈썹 그리고 속눈썹에 마스카라 칠하고 연한 립스틱을 바르고 나면 화장은 끝난다.

퍼머를 안 한 긴 생머리를 그냥 묶고 있어서 미용실에 들러 좀 자르고 퍼머를 했는데 워낙 생머리가 돼서 하룻밤 자고 났더니 너 언제 퍼머했냐는 듯 싹 풀려버렸다. 너무 허망하고 황당했지만 딸은 불평 한마디 하지 않는 느긋함이 오히려 편안해 보였다.

외출을 한다기에 지난 연말에 딸의 생일 선물로 요즘 유행하는 겨울코트를 사 두었다가 입혔다.

그것도 아낀다며 남동생이 입다 벗어 둔 니트로 된 낡은 반코트를 걸치고 청바지 차림에 옛 대학 동창들을 연락해서 만나고 직장 동료들과 어울려 시내 명동거리를 누비고 다녀도 남의 시선은 조금도 의식하지 않는 대담성 정말 변해도 너무도 많이 변한 것 같다.

아무렇게나 차리고 다녀도 시골서 금방 올라 온 촌닭 같지 않고 세련되고 활기찬 모습이 편안하고 자연스러워 보이는 것은 고슴도치도 제 새끼는 예뻐 보인다는 말처럼 내 딸이라 그런지! 남의 땅에 살면서 생각하는 사고방식도 달라진 딸의 모습이 그저 대견하고 자랑스럽다.

그곳 사람들은 화장한 얼굴이 어색하고 사치와 몸단장하는 것이 남부끄럽고 창피하게 여긴다고 했다.

얼마나 검소하고 절약하는 습관이 몸에 배어 있는가, 유행의 첨단을 너무 과민하게 반응하는 우리 한국인은 귀담아 들어야 할 좋은 교훈이 되지 않을까 싶다.

한화로 월 천여만 원이 넘는 급여를 받지만(50%는 세금으로 바침) 구두쇠처럼 한 푼을 아끼고 절약하는 딸 앞에서 나는 예쁘게 화장하는 것도 미안했으며 받은 용돈으로 옷 한 가지도 마음 편하게 사 입기가 미안할 뿐이었다.

우리나라 여성들은 모두 공주병에 걸려있지 않냐? 는 딸의 물음에 나는 할 말을 잊은 채 긍정도 부정도 하지 못했다.

어느덧 체류기간 3주가 되어 딸이 한국을 떠나는 날이다. 재작년 유럽에서 딸과 헤어진 1년 6개월 만에 만난 3주 동안의 기간은 너무나 짧았다. 불과 3주일 전에 만남의 장소가 오늘은 헤어짐의 장소로 뒤바뀐 인천공항의 이별은 회비의 엇갈림 속에 오고가는 인파는 물결처럼 출렁인다. 입가에 웃음 띠며 젖은 눈빛으로 "엄마 잘 있어"...

한마디 남긴 말에 돌아선 발길이 눈물에 가렸다.

요즘은 통신수단이 좋아서 이-메일이나 인터넷에 연결해서 스카이프로 통화를 하면서 자주 목소리를 들어서인지

막상 만나보면 별 할 말도 없는데 떠나는 뒷모습은 언제나 가슴이 아리도록 아쉬움과 서운함이 남는 것은 모녀간의 혈연관계는 어느 선까지 그어야 하는 건지? 한계점이 없는 것 같다.

긴 이별 끝의 짧은 만남은 한순간에 스쳐 가는 한줄기 바람인양 석별의 정은 그간의 못다 해준 후회와 아쉬움 슬픔의 그림자만 남게 된다. 결혼해서 이 땅을 떠난 지도 어언 수십 년이란 세월이 흘렀다. 처음 얼마 동안은 두세 번 한국을 드나들면서 돌아가기 싫어 떠날 때는

언제나 가족과 헤어지는 아픔을 남긴 채로. 마음은 여기에 두고 빈껍데기만 떠나는 안타까운 이별이었다.

하지만 이제는 잠시 두고 온 남편을 못 잊어 떠나는 딸의 뒷모습이 예전과는 달리 활기차고 생기에 넘쳤다.

긴- 이별 끝에 짧은 만남으로 진정 이별이란 슬픔도 아쉬움도 아닌 먼 훗날 또 다시 만남을 위한 시작임으로...

고개 숙인 남자

어느 날 발신인 주소도 없는 한 통의 편지가 날아들었다. 왼쪽 팔꿈치 위로 검은 점이 있어 별 성(星)자를 따고 철(澈)자 돌림을 넣어서 성철이라 이름 지어 준 바로 그 막내 동생이 안동 서후면 어느 깊은 산속 山寺에 들어가서 승려가 되려고 수행중이라는 사연이었다.

때는 1949년 당시 빨갱이 사건에 연유되어 정보기관에 끌려가신 아무 죄 없는 부모님께서는 전기 고문을 비롯해서 물에 탄 고춧가루 주전자를 코로 집어넣고 방망이로 수 없이 두들겨 맞으며 심한 고문과 취조를 당했지만 끝내 결백을 주장하며 죽음까지 각오한 아버지. 결국 혐의를 잡지 못한 정보부에서 풀려났다.

무혐의로 풀려나긴 했지만 몸은 이미 만신창이가 된 상태였다. 그 후 합병증을 얻어 오랜 병상 끝에 아버지(38세) 어머니(34세) 젊은 나이에 저 세상길을 한 달 간격을 두고 어린 6남매를 남겨둔 채 돌아가셨다.

그리고 얼마 후 6남매 중 막내 동생 성철마저 첫 돌을 맞던 12월 7일(음) 대구 봉산동 어느 회사 사장이란 사람이 아들이 없어 양자로 키우겠다며 어린 동생을 몰래 데려가 버렸다. 그 이듬해 봄, 봄비가 부슬부슬 내리던 이른 아침 아이를 데려간 하수인이 느닷없이 나를 찾아왔다.

사연인 즉, 아기가 시집간 그 집 큰 누나의 모유를 먹었는데 그만

입병이 나서 젖을 빨지 못하고 앓다가 죽었다며 사망신고를 해 달라는 것이었다. 정말 그 어린 것이 입병이 나서 젖을 못 먹고 죽었단 말인가? 아니면 우리와의 혈연관계를 완전히 끊기 위한 계획적인 수단으로 꾸민 것인가?...

反信 反疑!...하면서도 대구 시청엘 찾아가서(당시엔 구청이나 동회가 없었음) 사망신고를 하고 돌아오는 길이 눈물에 가려 앞이 보이지 않았다. 죽은 줄만 알고 체념했던 바로 그 동생이 23년 만에 소식을 접하자 꿈만 같았다.

오랜 세월동안 단 하루도 마음 놓아 본 적 없었으며, 단 한순간도 잊어본 적 없었던 동생이 아니던가!...

같은 하늘 아래 살고 있으면서 그토록 오랫동안 서로 모르고 살았던 무정한 세월이었다. 꿈인지, 생시인지, 미처 확인해 볼 겨를도 없이 그날로 서울에 사는 큰 남동생과 함께 청량리 중앙선 밤 열차를 타고 안동으로 내려갔다.

밤새껏 열차에 시달린 몸으로 또 다시 새벽 버스를 타고 안동 서후면을 향해 2시간을 달렸다.

아침 안개가 자욱한 산길을 따라 얼마나 올라갔을까? 하지만 절은 쉽사리 나타나지 않았다. 복숭아 밭 탱자나무 울타리를 끼고 한참을 더 오르다가 산 정상에 이르니 다 허물어진 초가집 한 채만 동그마니 있을 뿐...

사람의 그림자는 보이지 않고, 집도 절도 없는 험난한 산속이었다.

다시 뒤돌아 내려오는 길목에서 아까 보지 못했던 움막처럼 지은 토담집을 발견하고 걸음을 멈췄다. 밖에 인기척을 느꼈음인가! 여기저기 문살이 떨어져 나가고 찢겨진 문틈 사이로 삐죽이 얼굴을 내민 젊은 여인에게 말을 걸었다.

실례합니다. "여기 혹시 권영민이라는 청년이 살고 있습니까?" 하고 물었다. 그 당시 그의 이름은 성철이가 아닌 권영민이란 이름이 주소에 적혀 있었다. 멍하니 한참을 머뭇거리던 그녀는 볼멘소리로 “그런 사람 여기 안 삽니더!”

통명스런 한마디 내뱉고는 문을 쾅 하고 닫아버렸다.

잠시 후 한 청년이 방문을 열고 나왔다. 머리는 길어서 어깨에 닿았고 햇빛을 보지 못했는지 얼굴에 핏기 한 점 없었다.

창백한 얼굴로 바라보는 눈빛 속에는 어딘가 모르게 깊은 수심에 잠겼으며 한 맺힌 듯한 슬픈 표정을 지우며 서 있는 저 청년이 틀림없는 내 동생일까?...

나는 믿어지지 않는 현실 앞에 한동안 장승처럼 말을 잃고 멍하니 서 있었다. 한참 만에 정신을 가다듬고 그와 나 동생 셋이서 나란히 뫼벌에 앉았다. 밤사이 풀잎에 내린 이슬이 아침 햇살을 받아 더욱 영롱하게 반짝였다. 앞뒤 두서없이 쏟아내는 그의 장황한 이야기에 귀를 기울이고 있던 나는 순간. 그의 왼팔 와이셔츠 소맷자락을 걷어 올렸다.

아니나 다를까...

팔꿈치 위로 검은 점 하나가 눈에 띄었다. 꿈에도 잊지 못했던 동생 성철이가 아닌가!... 이제 어른으로 성장한 동생을 끌어안고 한없이 울고 또 울었다. 해가 중천에 떠서야 깊은 잠에서 깬 듯 옷깃을 여미고 일어섰다. 굳이 산을 내려오지 않겠다는 고집을 설득하고 타일러서 안동 시내로 데리고 나와 우선 긴 머리 이발부터 시켰다. 두 번 다시 우리를 따라 오지 않겠다고 발버둥 치며 꽁무니를 빼려는 동생?...

큰 동생과 함께 간신히 손길을 끌다시피 하고 대구로 향하는 버스에 올랐다. 마침 대구에 사는 둘째 동생네 집 근처에 여관방을 하나 정하고 거기서 하룻밤을 묵기로 했다. 저녁 식사를 마치고 난 다음 피곤에 지친 나는 아예 자리를 펴고 그들 곁에 드러누웠다. 경주에 사는 셋째 동생도 불러 올려 모처럼 한자리에 모인 4형제는 밤이 깊은 줄도 모르고 이야기꽃을 피우며 기쁨의 술잔을 기우렸다.

나는 동생들 옆에 누운 채 막내의 어릴 적 모습과 지금의 모습을 견주어 보느라 여념이 없었다. 눈, 코, 귀, 입 아무리 뜯어봐도 어디 한군데 닮은 데라곤 발견할 수 없었다. 23년이란 세월을 거쳐 전혀 다른 환경 낯선 사람들 틈에서 자라다 보니 얼굴 생김새도 달라질 수 있겠지!...

아니야!... 달라질 수 없어! 우리 6남매는 모두 비슷한 모습이라, 남들이 봐도 남매 지간이란 것을 한 눈에 알아 볼 수 있을 만큼 많이 닮은 모습들이니까, 이건 분명 아니야? 맞아 동생이 틀림없어!... 밤새껏 혼자서 아니야? 맞을 거야!

소리 없는 의문의 꼬리를 문 채 결국 진실을 밝히지 못한 채로, 의문의 사건은 다음 날 새벽에 터지고 말았다.

영천 은혜사에 잠시 다녀오겠다며 택시비를 달라며 챙겨 간 그는 해가 저물도록 끝내 나타나지 않았다. 그리고 며칠 후, 또 다시 발신주소가 없는 편지 한 통이 배달되었다. 내용인즉 속리산 법주사에서 용무가 끝나는 대로 소식 전할 것이니 연락을 받는 즉시 주민등록등본 한 통과 인감도장을 지참하고 약속장소로 나와 달라는 어처구니없는 내용에 갑자기 뒤통수를 한 대 얻어맞은 기분이었다.

도무지 뭐가 뭔지 종잡을 수가 없고 헷갈렸다. 그제서야 정신이 들었다. 혹 간첩인가. 아니면 정신병자란 말인가? 하는 생각에 미치자 갑자기 무섭고 소름끼쳤다. 그와 함께 안동 서후면 산속에서 있었던 일이며, 대구 여관방에서 밤을 지새며 주고받았던 이야기들을 종합해 볼 때 그냥 덮어버릴 일이 아님을 직감하고 관할경찰서에 신고를 했다.

그러고 보니 머리가 길었던 것이며 사람의 시선을 자꾸만 피하려던 행동이 수상했고 편지를 보내올 때마다 주소가 정확하지 않았던 점 등 등, 모두 의심의 여지가 없었다. 더욱 놀라운 것은 대구 5관구 헌병사령부에서 면회를 와 달라는 통지서였다. 그 동안 신고를 해 놓았던 관할경찰서에서는 그의 본적지인 안동에 신원조회를 의뢰하고 그의 대한 신상조사를 한 결과 흑막이 낱낱이 드러나기 시작했다.

그 해 11월 그는 권오경이란 이름으로 군을 탈영했다가 붙잡혀 조사를 받았고 12월초에 서울 육군 형무소로 이첩되어 넘어왔다. 하지만 나는 쉽게 포기할 수가 없었다. 그동안 속은 것도 분했지만 피 한 방울 섞이지 않는 사기꾼에게 아낌없이 쏟아 부은 정성이 너무 억울하고 분해서 그냥 참기도 이해하기도 용서하기조차 힘들었다.

시간이 얼마가 걸리든지 그의 입으로 자신이 꾸민 사기극이었음을 솔직히 고백할 때까지 내가 쓰러지는 한이 있어도 끝까지 쫓아다니며 진실을 밝히리라 마음먹고 입술을 깨물었다. “네가 이제 와서 내 동생이 아니라고 해도 좋아! 너의 진심을 솔직하게 말해 줘 응!” 하고 권면했지만 그는 끝까지 동생이라 우겼다. 정말 미치고 환장할 노릇이 아닌가?

그래도 나는 미련을 버리지 못하고 육군 형무소로 먹을 것을 사들고 면회 가서 철창을 사이에 두고 대화를 하다보면 그는 언제나 내 시선을 피하려 했고 의심쩍은 표정에서 뭔가? 석연치 않음을 직감했다.

나는 당시 면접과장인 임충근 소령을 찾아갔다. 그간의 자초지종을 숨김없이 밝히고 과장님의 협조를 구하면서 도와달라고 부탁을 드렸다. 즉시 사병을 시켜 확인해본 결과 그의 신상카드에는 온갖 범죄로 얼룩져 있었으며 서울에서 졸업했다는 모 신학대학에 조회를 해 본 사실 또한 모두가 거짓으로 드러났다.

그 무렵 월간 여성지에 실린 나의 수기를 읽어 본 그는 처음부터 계획적인 사기극을 벌려 온 거짓 장단에 놀아난 나 자신의 어리석음이 그날처럼 창피하고 부끄러워 본 적이 없었다. 당장 쥐구멍에라도 기어들고 싶었던 절박한 심정을 어디에 비교할 수 있을까! 그 동안 바보처럼 굴었던 행위가 그렇게 미워 본 적은 처음이며 오랜 상처가 되어 기억 속에 남을 뿐이다.

아무 죄 없는 아이들이나 동생들 앞에 어떻게 얼굴을 들며 무슨 변명으로 용서를 빌어야 하니?... 그토록 혈육을 찾고 싶어 몸부림치며 통곡한 죄밖에 없는데!... 후회의 눈물인가, 반성의 눈물일까. 고개 숙인 남자를 뒤로하고 돌아서는 내 눈에서 흐르는 눈물도 끝이 없었다.

[追 以]

위의 글은 지금으로부터 약 30여 년 전에 있었던 사실의 내용임을 알려드립니다.

꿈 이야기

이른 아침부터 가을을 재촉하는 비가 내리고 있다. 세찬 바람과 함께 천둥번개 치는 소리가 요란하다.

한낮이 되면서 비는 개이고 하늘은 더 한층 높고 푸르다 하던 일을 잠시 접어두고 장애인 선교회(장애인을 위한 봉사) 여의도 순복음 교회에서 매주 토요일마다 정기적으로 드리는 토요예배를 비롯하여 수요일은 심야 기도회가 있다.

그리고 주중에는 생활이 어렵고 문제 있는 가정 질병으로 고통 받는 장애인 가정을 방문해서 상담을 통하여 해결 방법을 의론하고 기도와 위로의 메시지를 전하면서 돌파구를 찾는 공동체를 이루어 간다.

오늘은 차량봉사를 하기 위한 책임을 맡고 각자 맡은 분야에서 자신이 할 수 있는 일을 최선을 다하는 봉사 활동이다.

토요일인 오늘은 아이들이 직장을 쉬는 날이어서 늦잠자고 일어난 딸이 심각한 표정으로 꿈 이야기를 했다.

아마도 간밤에 심상치 않는 꿈을 꾼 모양이다. "엄마 어젯밤 꿈에 영균(동생)이의 앞니가 몽땅 빠진 꿈을 꿨는데, 글쎄, 빠진 이빨 뒤로 또 이가 나 있었어"하며 이상하다는 듯 고개를 갸웃거렸다.

아침밥을 짓느라 분주하던 나는 그 말을 듣고 딸에게 되물었다.
"윗니가 빠졌니 아랫니가 빠졌니?"

"엄마! 윗니가 빠지면 윗사람이 죽는다며?" 잔뜩 겁먹은 얼굴을 하고 내게 되묻는 것이 아닌가!.

꿈을 전적으로 믿는 것은 아니지만 그 말을 듣는 순간 나는 머리끝부터 발끝까지 힘이 쭉 빠져 나가는 기분이었다. 오늘 하루 또 무슨 일이 있으려나? 두려운 생각이 잠시 스쳤다.

아이들에게 오늘은 될 수 있으면 외출을 하지 말라는 당부를 하고 집을 나섰다. 교회서 예배를 마치고 돌아오는 길이었다.

교구버스에서 내려 집으로 가는 횡단보도를 거의 다 건너온 지점에서 음주 운전 승합차에 치었다.

넘어지는 순간 치마가 뒤집어지면서 은밀히 감춰진 의족을 들어낸 채로 길바닥에 큰 대(大)자로 누웠는데 지나가던 행인이 하나둘 모여들었다.

집안에 있던 아이들도 이웃의 연락을 받고 허둥지둥 뛰쳐나와 울음 섞인 비명을 질러댔다. 땅에 부딪친 머리를 감싸 쥐고 쓰러진 나는 이웃사람들의 도움으로 차에 실려 기독병원 응급실로 향했다.

CT촬영과 X-ray사진을 찍고 병실로 옮겨진 나는 고통의 신음소리를 멈추지 못했다. 넘어지면서 의식적으로 길바닥에 머리를 심하게 부딪치지 않으려고 얼마나 목에 힘을 줬던지 목줄기가 아파서 며칠 동안 목을 제대로 가눌 수도 돌릴 수도 없었다. 몸 전체는 심한 타박상으로 인해 퍼렇게 멍든 자리가 보기 흉했다.

밤늦은 시간에 소식을 듣고 달려온 작은댁 식구들도 모두 돌아가고 아이들도 잠시 집에 들여보낸 다음 나는 침상에 누워 생각하니 갑자기 밀려오는 서러움과 외로움, 허탈감, 슬픔, 고통으로 인한 눈물이 한없이 쏟아졌다. 일생동안 크고 작은 교통사고를 당한 것이 이번이 몇 번째인가!

나는 왜? 이토록 육신의 고통과 가혹한 형벌 속에서 벗어나지 못하는 걸까? 3살 되던 해 낯선 이역 땅에서 탄광촌 석탄 차에 치어 다리를 잃고 남은 다리마저 어린 날의 사고 후유증으로 곪아터진 고관절을 드러내기 위한 27살 때 네다섯 번에 걸쳐 고관절 제거수술을 받은 후 중복 장애가 됐다.

성한 다리 고관절 수술 후 다리가 많이 짧아져서 20대 초반부터 착용하고 다니던 의족 발목을 잘라서 작아진 키(신장)에 맞추고 나서 도무지 말도 안 되는 엄청난 사실들을 눈물을 머금고 믿어야 하다니? 차라리 죽고 싶은 생각이 잠시도 내 머리에서 떠나질 않았다.

이렇게 이중 삼중 고통을 겪으면서 결국은 양쪽다리를 제대로 쓰지 못하는 처지가 되어 땅바닥에 앉지도 무릎 아래서부터 발끝까지 손이 닿지 않아 손수 내 발을 씻을 수도 발톱을 직접 깎지도 못한다.

오늘은 또 꿈땜을 하느라 예고 없이 찾아든 불행이 나를 집어삼키려 했다.

이처럼 대책 없이 망가진 조각난 내 육신은 장차 어떤 모습으로 변하게 될지 두려움에 잠 못 드는 어둠이 내 영혼을 갉아먹으려 작정을 했음일까?... 하지만 악의 굴레를 과감히 벗어던지고 선으로 악을 이길 것이다.

긴~세월동안 죽음의 문턱을 수 없이 넘나들면서 이제껏 살아남은 것은 오직 하나님의 기적이다. 생각할수록 나아닌 내 아이들이나 다른 형제들에게 사고의 불행을 당했다면 얼마나 더 가슴 아픈 일이었을 텐데, 그래도 현장에서 즉사했거나 중상을 입지 않은 것만을 평생 감사하며 살아야겠다고 거듭 다짐하는 계기가 됐다.

4주 동안 병상에서 마음의 깊이와 넓이를 그리고 화해와 사랑과 더 낮아진 겸손을 배우며 또 한 번 살아남은 이 생명 다하는 그날까지 보다 더한 아픔 있을지라도 남은 날들을 하나님의 뜻에 순종하며 이 모습 이대로 향기롭고 아름다운 삶의 꽃을 피우리...

– 1994년도에 당한 교통사고

전통 혼례식

잠실 롯데월드 현대식 건물 안에 전혀 어울리지 않는 한 구석 자리에 꼭꼭 숨어있는 민속박물관이 자리 잡고 있었다. 화려한 조명아래 진열된 갖가지 상품들은 하나같이 우리의 조상대대로 내려 온 유례나 고풍스럽고 한국적인 멋스러움은 찾아 볼 수가 없었다.

고유의 민속박물관이라면 적어도 선사시대 유물이나 전통적인 가구를 비롯해서 그 옛날 선조 때부터 내려온 우리 것에 대한 물건은 아예 찾아볼 수 없음도 아쉬웠지만 옛것에 대한 역사 깊은 사적은 간데없고 차츰 마음과 눈길에서 멀어지고 있다는 사실을 나는 오늘 다시 한번 깨닫는 계기가 됐다.

화려하고 불빛 찬란한 장식대 안에 진열된 최고급 고단가 외제품으로만 갖춘 상품은 어느 것 하나 애착이 가거나 정겨움은 느낄 수 없고 겉보기에 화려한 치장을 했을 뿐... 옛 전통의 진가나 진미의 아름다움은 눈에 띄지 않았다.

모처럼만에 외출이라 예쁘게 단장하고 전통 혼례식장을 찾느라 넓은 매장 안을 몇 바퀴를 돌았는지 모른다.

그 옛날 초등학교 시절 단짝 친구였던 아들 결혼식에 초대받아 가는데 입구가 어디며 출구가 어딘지 분간이 안 되는 미로 같은 예식장을 어렵게 찾아 갔었다. 마치 딴 세상에 온 것처럼 식장에 들어서자 전혀 다른 식장 분위기에 현혹되어 정신이 멍했다.

문득 40여 년 전 어느 시골집 안마당에 멍석을 깔고 남편과 전통혼례식을 치렀던 그날의 추억이 주마등처럼 떠올랐다. 비록 때와 장소는 달랐지만 아련한 추억 속에 빛바랜 필름 속에 겹쳐 돌아가는 장면 안에 나 자신도 동화되어 잠시 잊혀진 남편의 모습과 흔적을 더듬고 있었다.

초례상을 차리고 친지들과 이웃사람 몇 명의 축하객을 모신 자리에 과분한 격려와 축하를 받으며 치룬 초라한 혼례식이었다. 다홍치마에 초록색 반 휘장저고리를 받쳐 입고 족두리를 쓴 새색시, 사모관대를 쓰고 도포자락을 휘날리며 마주선 신랑과 백년가약을 맺었던 그때 그 순간은 어느 누구보다 행복했을까?

비록 화려한 조명이나 흥을 돋우어 주는 풍악은 없었지만 가슴 부푼 젊음의 날개를 한껏 펼치며 아름다운 인생을 꿈꾸고 미래를 약속했던 그날이 바로 오늘 같은데, 인생의 덧없음은 生과 死의 갈림길은 세월의 부피만큼 쌓여가는 가파른 노을 길을 어느 누가 피해갈 수 있으며 세상 이치를 거역할 수 없다는 것은 또한 인생이며 분명한 사실이 아닐까?...

여기 만인의 축복과 아울러 흥겨운 풍악에 맞춰 박수갈채를 받으면서 등장하는 오늘의 주인공인 신랑 신부는 눈부시게 아름다운 한 쌍의 꽃과 나비다. 주례사의 엄숙한 식순에 따라 혼례식이 거행되고 아들딸 열둘을 낳아서 행복하게 잘 살라는 주례사의 당부에 새로운 인생 출발을 다짐하는 서약 앞에 신랑 신부의 미소 띤 얼굴은 천사처럼 행복해 보이는 한 쌍이다.

결혼 행진곡에 맞춰 아침 햇살처럼 밝은 앞날에 축복이 가득하길 바라면서. 황금물결이 일렁이는 들녘, 연도에 핀 가을꽃들은 화사한 웃음과 진한 향기를 풍겨주며 거리마다 떨어져 내리는 오색단풍은 융단처럼 깔려 낙조의 긴 그림자를 드리우고 있다.

가로수를 누비며 질주하는 차들의 홍수에 밀려 길 한 모퉁이에 선 채 먼 하늘을 응시하는 눈빛이 황홀하다.

사랑싸움은 칼로 물 베기

회사 퇴근길에 내가 묻고 있는 민박에 들른 딸과 함께 저녁을 먹고 나서 정원 벤치에 둘이 앉았다.

참으로 모처럼 가져본 모녀간의 한가한 시간을 가져본지 얼마만인가. 바쁜 회사일로 미뤄 왔던 그동안의 이야기들을 도란도란 나누면서 화기애애한 웃음이 오가는 가운데서도 왠지?...

딸의 얼굴 표정이 그전같이 밝지 않았다. 평소와 달리 오늘은 느긋함을 보이며 좀처럼 자리를 뜰 생각을 않고 있는 태도가 마음에 걸렸다. 전 같으면 남편이 기다린다며 종종 걸음으로 집엘 갔을 텐데... 뭔가 석연치 않는 낌새가 보였다.

아니나 다를까! 잠시 후 사위가 상기된 얼굴로 숨을 헉헉대며 달려오더니 눈썹을 치켜세우고 격앙된 목소리로 딸에게 대뜸 하는 첫 마디가 "당신 정말 나하고 이혼할거야?"

밑도 끝도 없이 쏘아붙이는 사위의 태도를 본 순간, 나는 일의 심각성을 직감했다. "아니 이게 무슨 뚱딴지같은 소리야 갑자기 이혼이라니?" 한마디 소리를 내지르고 벌어진 입을 다물지 못한 채 가슴이 마구 뛰기 시작했다.

사연인즉 어젯밤 사위랑 별일도 아닌 것을 트집 잡아 서로 언성을 높이고 입씨름을 한 모양이다.

어린 아이 싸움도 아니고 어른 싸움 치고 너무 유치하고 한마디로 웃기는 일이라 여기며 다투고 있는 자신들이 생각해도 창피스럽고 어이없어 몸짓으로 흉내 내는 딸의 행동이 더 웃겼다.

정말 말 같지도 않게 싸우게 된 동기는 이렇다. 양쪽 엄마 둘을 사이에 두고 서로가 엄마를 많이 보느니 적게 보느니 하면서 그것도 날짜를 짚어가면서 싸웠다니 어이가 없었다. 결국 이혼하자는 말까지 거론되고 양가 엄마를 입회시켜서 오늘 밤이라도 당장 결말을 짓자는 결론에 이르게 됐다고 한다.

이혼이란 말은 전에도 한두 번 있었던 일이지만 이번 문제는 좀 심각해 보였다. 심사가 뒤틀린 딸은 회사 퇴근하는 길로 혼자서 나한테 곧바로 와 버린 것이다. 집에서 이제나 저제나 기다리던 사위는 화가 나서 달려 왔는데, 모녀의 다정한 모습을 본 사위의 눈에선 안도의 빛이 역력했다.

혹시라도 장모가 딸을 데리고 한국으로 날아가 버리지 않을까 전전긍긍하던 터라 잠시만 눈에 띄지 않아도 불안해하고 안절부절 못하는 어린 아이와 같은 성품을 가진 사람이면서 때로는 화가 나면 물불을 가리지 못하는 성격이 문제라고 했다.

딸의 시어머니는 집에서 약 20분 거리의 읍내 아파트에 혼자 살고 있다. 한 주에 5일은 운동 삼아 자전거를 타고 시골길을 달려 아들 내외가 사는 시골집을 방문한다.

텃밭에 심어 논 각종 밭작물을 가꾸면서 풀도 뽑고 빗물을 받아 뒀다가 채소밭에 물을 주며 소일거리로 시어머니는 일상 속에 유일한 낙이며 취미생활이다.

사위는 어쩌다 자기 엄마가 집에 들르지 않아 하루도 못 보면 궁금증이 발동해서 자전거를 타고 휑~하니 엄마한테 다녀와야만 직성이 풀리는 습관이 있어서 혼자 집을 지키며 마냥 기다려야 하는 딸의 마음은 얼마나 초조하고 무서울까, 생각하면 가슴이 저리고 안쓰럽기도

할 텐데...

특히 큰 아들과는 매일 만나도 두 모자는 성이 차지 않아 불만이다. 매주 토요일은 두 아들 부부는 시어머니 댁에서 모임을 갖는다. 사돈께서 정성껏 마련한 전통 음식과 요리로 식사를 함께 하고 카드 게임이나 오락으로 저녁 한때를 즐기는 정기적인 모임도 있다.

그럼에도 불구하고 사위가 딸에게 염통을 지른 것은, 이번에 한국에 가서 3주 동안 친정 엄마 곁에 있었고 또 덴마크에 함께 와서 3개월 동안 보면 누가 더 엄마를 많이 보느냐며 싸웠다니 귀가 막힌다.

말 못하는 소가 들어도 웃을 일이며 거기다 한마디 덧붙여서 친정 엄마가 오면 기분이 좋아 싱글벙글.

자신의 엄마가 눈에 띄면 입 쑥 내밀고 눈길도 한번 안 준다며 사위는 서운하다고 불평이 심하다.

사위는 천성이 소심한데다 마음이 어린 아이와 같아서 사소한 일에도 잘 토라지고 삐져서 말도 안하고 언제나 엄마의 치마폭에 휘감겨 벗어나지 못하는 마마보이 남편이 야속하다는 딸의 말도 일리는 있다.

원래 술 담배는 입에 대지도 못할 뿐 아니라 남을 배려하고 이해심 많은 따뜻함이 딸을 아끼고 위해주며 사랑해 주는 장점만 눈에 띤 까닭에 딸은 쉽게 결혼하기를 결정하게 된 것인지 모른다.

우리 한국의 풍습은 예로부터 아들이 장가들면 일단 곡간의 열쇠나 안살림은 며느리에게 넘겨주는 전례가 있으며 오늘날 조상들의 대대로 내려온 대물림이며 법도가 5천년 역사의 뿌리가 아닐까?

각 나라마다 풍습과 문화의 차이는 있겠지만 내 눈에 비친 한국과 유럽의 문화적인 차이는 엄청났다.

사돈은 아들을 마치 애인 다루듯 하며 가진 애교와 수다를 떠는가 하면 언제나 주변이 산만하다.

50줄이 가까운 아들을 만나고 헤어질 때마다 하루에도 몇 번씩 포옹하고 뽀뽀하고 얼굴을 비벼대는 행위는 한국인인 내 눈에는 좀 지나치다는 생각이 들어 얼굴이 뜨거웠다.

아내라는 존재는 저만치 내팽개친 남편이나 며느리의 면전에서 체통을 망각한 시어머니의 하는 짓은 아무리 유럽 문화가 그렇다 치더라도 친정 엄마인 사돈이 동석하고 있다는 개념은 전혀 보이지 않고 남을 의식하지 않는 자유분방함이 그네들의 관습이며 전통적인 생활의 일면인 것 같다.

하지만 눈앞에 벌어지고 있는 광경을 보면서 어떤 며느리나 마느라가 좋아할 것이며 마음 상하지 않을 사람이 어디 또 있겠는가. 그 땅의 문화와 의식과 풍습이 그렇다 하더라도 동양인의 사고방식으론 도무지 이해하기 곤란한 부분이다.

이제는 우리 한국의 문화도 차츰 서구화에 물들어 며느리가 시어머니 시집살이가 아닌 시어머니가 며느리 시집살이로 변해가고 있는 세상이긴 하지만... 일찍이 남편과 이혼하고 두 아들 데리고 온갖 고생 다하면서 살아온 시어머니는 유독 큰 아들에 대한 애착이 지나쳐 집착이 남달랐다.

이역만리 낯선 땅에 남편 한 사람 보고 시집가서 자식도 낳지 않기로 하고(남편과의 합의 끝에) 둘이 달랑 살면서 얼마나 마음고생이 심할까, 당장 딸의 손목을 잡아끌고서라도 데려오고 싶은 마음 목구멍까지 차올랐지만 참을 수밖에 없었다.

아들 내외(딸과 사위를 말함)가 어디를 가든지 따라나서야 직성이 풀리고 절대로 양보하는 법이 없다.

모처럼 주말을 맞아 극장이나 혹은 볼링장이나 동물원을 구경 가도 시어머니는 주책없이 따라 나서지 못해 안달이고 아들은 마누라 눈치 없이 엄마를 데려가지 못해 몸살이다.

아들 내외를 자유롭게 둘만의 오붓한 시간을 마련해 줄 수 있는 사려 깊은 시어머니가 된다면 더없이 존경받을 텐데. 어쩌다 낮에 서로 바빠서 못 만나면 저녁에라도 달려가서 밤 1~2시가 지나도록 돌아오지 않으면 기다리다 지친 딸은 수화기를 든다.

"당신은 나하고 결혼 한 거냐? 아니면 당신 엄마랑 결혼한 거냐고?" 따지면 그제서야 난처한 기색으로 돌아와서 입 다문 채로 말이 없단다. 사돈께선 예순을 넘긴 나이에도 마음은 언제나 소녀 같아 컴퓨터 다루는 솜씨는 능숙하고 아코디온을 손수 치며 노래하는 재주가 수준급이다.

사회적인 지식이나 상식, 그리고 다방면에 재능을 고루 갖춘 개방적인 현대 여성이다. 다만 아들에 대한 관심이나 집착은 그 누구도 못 말린다. 의상도 손수 만들어 입고 요리솜씨 또한 전문가 못지않다.

그렇게 빈틈없는 시어머니 밑에서 눈물을 머금고 살아가는 이방인이다. 딸은 엄마를 실망시키지 않으려 혼자 속 태우며 입술을 깨물고 살아 보려고 했지만 끝내 보따리를 싸들고 한국엘 돌아왔다.

두 번이나 반복된 귀국길이 결국 헤어져야 한다는 미명아래 서로 등을 돌리게 된 동기는 아직 분명한 이유도 없이 한국으로 와 버렸다. 그 후 시간이 얼마나 흘렀을까, 2~3개월이 지나는 동안 그리움을 참지 못한 두 사람 사이에 연락은 계속 오고 간 모양이다.

그러던 어느 날 한국으로 전화를 걸어왔다. 그때서야 사위랑 시어머니는 손이 발이 되도록 딸에게 용서를 빌면서 다시 돌아오라는 간곡한 부탁이었다. 지난 과거는 깨끗이 청산하고 앞으로 행복한 가정을 위해 노력할 것을 굳게 약속하겠다는 다짐 앞에 딸은 갈대처럼 마음이 흔들렸다.

아직 신혼의 동생부부와 어린 조카가 태어난 친정에 머물게 된 처지가 그리 마음 편한 일은 아니었던 모양이다. 남편의 말을 또 한 번

믿어 보자며 짐을 꾸려 또다시 덴마크로 돌아갔다.

딸을 보내놓고 나는 노심초사 마음을 놓지 못했다.

시간이 갈수록 마음이 변해서 두 모자가 내 딸을 괴롭히고 눈에 눈물 마를 날 없이 가진 설움으로 학대하지는 않을까?... 멀리 혼자 떠나보낸 엄마 심정은 노심초사 전전긍긍이다.

다행히 세월의 부피만큼 결혼생활 만 15년이 지난 지금은 지난날의 눈물겨웠던 이국 생활은 이제 제대로 적응을 했으며 안정된 생활을 마련하고 6~7년 전 정원이 넓고 아름다운 전원주택을 마련해서 남편과 분가하게 됐다.

지금은 전 세계로 알려진 레고 회사(어린이 장난감 레고 블럭을 생산하는) 직장에 다니며 행복하고 여유로운 삶을 살고 있다.

더욱 감사한 것은 그 동안 혼자 살던 시어머니께서 63세의 나이에 재산가며 한 번도 결혼을 못한 65세의 총각 할아버지를 만나 결혼식을 올리고 멀리 바다와 숲으로 울타리 쳐진 저택에서 행복한 노후를 지내고 있어 딸은 더욱 한갓지고 편안 마음으로 살게 되서 기쁘다고 했다.

어둡고 긴-터널을 빠져나온 새로운 미래에는 밝고 환한 빛의 대로가 열리고, 태풍이 휩쓸고 간 뒤의 고요함 속에서 음악을 전공한 남편과 주말 부부로 또한 다정한 친구처럼 왕래하며 지내고 있다.

시간과 통신수단

아침에 눈을 떠서 탁상위의 시계를 보니 어젯밤 12시 10분 전으로 해서 시계바늘이 멈춰 있었다.

이곳 민박에 와서 묻고 있는 한 달 동안 유일한 친구가 되어 시간을 가늠해 주고 세월 가는 것을 알려주던 초, 분, 시가 정지됐으니 너무 황당한 일이 아닐 수 없었다.

갑자기 내 주변에 존재하는 모든 움직임이 정지되고 멈춰버린 것 같은 현실이 살벌하게 느껴진다.

거처하는 방과 따로 나 있는 주방에 가서 벽시계를 봤다. 7시 45분, 평상시에 일어나는 시간보다 조금 늦은 아침시간이었다.

오전 10시에 회사에서 근무하는 딸과 그리고 오후 2시에는 한국에 있는 아들에게서 전화가 오기로 약속이 돼 있는데 오늘따라 예고도 없이 시계가 죽었으니 난감한 일이다. 내 방에는 일반전화가 없기 때문에 아이들과 약속한 시간에 핸드폰을 켜 놓아야 걸려오는 전화를 받을 수 있기 때문이다.

오늘 오후 4시에 딸한테서 마지막 전화가 걸려오기까지 시계를 보기위해 방에서 주방으로 수차 반복하며 드나들어야 하는 번거로움도 어쩌면 행복에 겨운 움직임인지도 모른다는 생각을 하면서 마음을 다잡아 본다. 2시 5분 전에 핸드폰을 켰더니 득달같이 전화벨이 울려댄다.

아들, 손자, 손녀, 며늘아기까지 통화는 한 바퀴 돌아서 여운을 남기고 끊어졌다. 손자 손녀의 귀여운 목소리가 아직도 귀에 쟁쟁한데 금방 무엇을 쥐었다 놓은 것처럼 허전하고 텅 빈 가슴 되어 한줄기 뜨거운 눈물이 볼을 타고 흘러내린다.

멍하니 턱을 고인 채 쉴 새 없이 불어대는 바람결에 머리를 풀어헤치고 온 몸을 흔들면서 떨고 있는 창밖에 나무들을 보면서 애처로운 모습이 또 한 번 가족과 벗들의 그리움이 해일처럼 밀려와서 가슴을 친다. 날로 발전하는 세상 요지경 속에서 통신수단이 고도로 발전됨에 따라 대한민국을 비롯해서 온 세계 어느 곳에서나 통화가 가능하다.

다이얼만 정확하게 돌리면 곁에서 대화하는 것처럼 맑은 소리가 들리니 기술적 향상이 놀랍다.

한국과의 시차가 여름은 7시간 겨울에는 8시간 한국이 더 빠르지만 전화통화로는 단 1, 2초 차이도 느낄 수 없으니 참으로 신기한 일이 아닐 수 없다.

오늘날 이처럼 통신수단이 놀라울 만큼 발달된 문명 속에 편리하고 살기 좋은 시대에 호강을 누리며 살고 있는 우리는 참으로 행복하지 않은가! 열심히 읽던 책『신들의 풍차』(시드니 셀던 작)을 잠시 덮어두고 오랜만에 그리운 벗들에게 편지 몇 통 쓰기로 했다.

그리고 아들 내외에겐 답장을, 헤어져 있어도 늘 생각나는 분들께 돌아오는 토요일에 딸한테 가서 직접 이─메일로 띄울 생각이다. 옛날 같으면 편지 한 번씩 주고받으려면 적어도 한 달은 걸려야 하는 기간에 지금은 점자 하나 틀리지 않게 메일주소만 정확하게 입력하면 3초안에 상대에게 전달이 된다는 사실이 놀라울 뿐이다.

며느리가 쓴 편지를 접하면서 가슴 찡함을 느낀다. 토깽이 같은 손자손녀가 말은 하지 않아도 얼마나 이 할미가 보고 싶을까! 혼자 마음 허전할 땐 매 순간마다 보고 싶고 사진을 머리맡에 두고서도 언제나 그리운 것은 피는 물보다 진한 천륜이기 때문일까! 젖은 눈가에 천진한 아가들의 모습이 아른거린다.

시간은 곧 생명이요, 질서요, 생활 속의 규칙이며 황금이다. 시간의 소중함을 새삼 일깨워 준 하루였다.

\- 2000년 8월 어느 날 덴마크 민박에서

아!~ 그리운 어머니

그리운 나의 엄마!...

엄마! 그동안 천국에서 잘 지내셨습니까? 어언 내 나이 3년 후면 팔순인데 왜?...이리도 엄마가 그립고 보고 싶은지요?... 보고 싶은 엄마!.

꿈속에서나마 한번만이라도 엄마의 그 모습 볼 수 있다면 지금 죽어도 여한이 없겠는데 하지만 生과 死의 갈림길은 永遠히 마주할 수 없는 다리 양끝에서서 애타게 불러도 메아리만 돌아올 뿐, 형체도 그림자도 실체마저 보이지 않는 빈 虛空만이 쓸쓸히 沈默하고 있네요?

때는 1945년 해방을 맞아 돌아온 고국 땅 대구 만촌동 옛 고향에서 조상대대로 내려오며 터 잡고 살던 직계가족은 거의 다 돌아가시고 막내삼촌 한 분 생존해 계시고 4촌 6촌 8촌의 집안 어른들만 몇 분 살아계셨다.

우리는 당시 대구역 앞 판자촌에 터를 잡고 하숙집이니, 식당이니 닥치는 대로 8식구의 호구지책을 위해 발버둥 치며 고생하는 엄마의 보람도 없이 생활의 궁핍은 자꾸만 뒷걸음치고 있었다.

당시 대구 22연대 기마병에 입대하여 근무 중이던 삼촌이 계셨죠? 6.25사변이 터지던 전 1949년 초가을쯤에 삼촌께서 친구 따라 월북한 사실을 알게 된 정보기관에서 아버지를 사상범으로 몰아 체포령을 내렸다.

아무 영문도 모른 채 수사기관으로 끌려가신 잠시 후 어머니마저 관할 경찰서로 연행되어 가던 그날 밤.

그로부터 아버지께선 밤낮 3일 동안을 심한 전기고문도 모자라 주전자에 고춧가루 탄 물을 코로 마구 집어넣는 가혹한 형벌에 의식을 잃어가면서 끝내 무죄임을 주장하는 아버지 앞에 그들도 더 이상 추궁하지 못했다.

영문도 모른 채 끌려가시던 날 자신의 두 발로 당당히 걸어가셨지만 고문 받고 풀려나올 때는 인력거에 실려 와서 방에 업혀 들어가서 몇 달 동안 바깥출입도 못하시고 극심한 고문 후유증을 앓다가 그 해 11월에 돌아가셨지요.

1949년 12월, 어느 날 어머니마저 병발한지 이틀 만에 병원에서 수술도중 영영 깨어나지 못하고 눈을 감으셨죠.

아버지는 38세, 어머니는 34세의 젊은 나이로...

겨우 열다섯 살 맏이인 나로부터 생후 1년 된 막내까지 줄줄이 굴비 엮듯 어린 4남 2녀를 남겨 두고 한마디 말도 없이 어머니는 홀연히 아버지 뒤를 이어 가셨어요?

온 대지가 얼어붙는 칼바람 속에서 뿔뿔이 헤어진 6남매는 눈물과 설움과 고난의 가시밭길을 걸어온 지 55년...

당시 생후 1년 된 막내는 어느 부잣집 양자로 데려갔으나 곧 사망했다는 소식만 전해왔을 뿐, 지금까지 생사를 알 길이 없습니다. 한 많은 세상을 못 다 살고 가신 어머니 아버지의 명줄을 이어 받았음인지 그동안 고생은 말할 수 없었지만 남아있는 5남매는 모두 안정된 삶을 누리며 일흔에서 팔순의 고령으로 살아있습니다.

보고 싶고 그리운 엄마! 엄마는 큰 딸인 나로 인해 날마다 눈에 눈물 마를 날 없이 마음의 고통을 무척이나 많이 받기도 하셨지요? 제2차 세계대전 당시. 아버지는 일본으로 끌려 가셔서 탄광 노무자로 일하시던 그 시기에 어머니는 겨우 세 살 된 나를 데리고 들길 산책을 나갔다가 마침 탄광 갱내서 굴러 나오는 탄차 쇠바퀴에 치어 한쪽 다리를 잃었었지요.

그로인해 아버지는 분노와 원망과 억울함을 이기지 못해 자신을 학대하며 두 손으로 감싸 쥔 머리를 쥐어뜯기도 했다.

한순간의 방심으로 죄인이 돼버린 엄마를 당신 눈앞에 얼씬도 못하게 하고 자괴에 일그러진 모습으로 차츰 변해갔다. 그런 아버지 앞에 어머니는 할 말을 잊은 채 숨 한번 크게 쉬지 못하고 눈물과 한숨과 죄책감으로 죄인처럼 살다 가신 불쌍한 내 어머니!

그런 어머니를 나 또한 덩달아 미워하고 원망하며 울분과 반항을 토해내기도 했었지. 하지만 이제는 수십 년이 흘러간 세월 앞에 살아생전 어머니께 잘못했던 뉘우침과 때늦은 후회로 이미 세상엔 안 계시지만 나를 낳아주신 어머니! 가슴에 피멍이 들게 한 내 어머니께 용서를 빌고 싶습니다. 그리운 어머니!

어머니 떠나시고 세월이 얼마쯤 흘렀을까요? 딱 한번 꿈에 어머니를 뵀어요. 땅 끝에서 올라간, 줄사다리가 하늘 끝에 닿아서 어머니가 흰 옷을 입고 분주히 다니시는 모습을 보고 내가 무척 기뻐했던 일이 지금도 생생히 기억납니다.

다시 한번 꿈속에라도 내 어머니를 만날 수 있다면... "아~ 사무치도록 보고 싶은 엄마. 그리운 나의 어머니!..."

[追 以]

이 글은 지난 2005년 2월에 열린 조선일보에서 공모한 "아~어머니"란 주제로 전쟁 기념관에서 열렸던 전시 작품이다.

사랑은 국경을 넘어

꿈이 없는 백성은 망한다고 했던가요! 어린 시절 나에게 무한한 꿈을 키워줬던 초등학교 5학년 때 담임선생님을 잊을 수 없다. 세계를 향한 안목을 키워 주셨고 지금의 내가 있도록 마음의 눈을 일찍 뜨게 하신 선생님이셨다.

특별활동 시간에 선생님이 개발한 게임을 통해서 세계지도와 세계 각국 나라와 수도 이름을 낱낱이 익히기 위한 노력을 게을리 하지 않았다. 그 이후로 세계여행의 꿈을 키워 왔었고 차츰 나이가 들면서 김찬삼 교수님의 세계여행전집(컬러판)을 구입해서 열심히 읽었다.

각 나라별로 문화와 풍습을 관심 있게 살피고 탐독해서 머릿속에 차곡차곡 입력시켰다. 하지만 끼니조차 잇기 어려울 만큼 가난했던 어린 시절과 학창 시절에는 배낭여행이란 감히 꿈도 꿀 수 없는 형편이었다.

하기야 경제적으로 능력이 있다고 해도 유학이나 특별한 경우를 제외한 일반국민들의 해외여행은 그리 쉽지 않았던 시기였다. 때는 1988년도 처음 한국에서 올림픽이 열릴 즈음해서야 비로소 세계여행의 자율화가 허용되면서 대학생들에게 배낭여행이란 단어가 차츰 익숙하게 들리는 시대가 온 것이다.

대학졸업을 앞두고 하나님이 길을 열어주셔서 한불합작회사에 취업을 하게 되었다. 미국과 일본 인도네시아 등지로 출장을 나가면서 자주 해외로 드나들 수 있는 발돋움의 기회가 시작된 거였다.

일반 회사의 짧은 여름휴가와는 달리 외국회사는 2~3주간의 긴-휴가를 할애 할 수 있었기에 구체적인 여행 안내서를 구입한 후 꼼꼼히 배낭여행 계획을 세울 수 있었다.

93년의 호주일주 여행의 성공적인 시작을 발판으로 해서 94년도에는 북유럽 여행길에 올랐다.

그 해 여름 한국은 얼마나 더웠던지 에어컨도 가동되지 않아 한증막처럼 푹푹 찌는 버스 안에서 문득 생각이 떠올랐다. 더위를 피해갈 수 있는 곳을 찾다보니 북유럽을 목적지로 결정하게 됐다.

스웨덴의 수도 스톡홀롬을 시점으로 해서 핀란드의 헬싱키를 경유, 백야를 볼 수 있는 라플란드까지 올라갔다가 노르웨이 오슬로, 베르겐을 거쳐서 돌아오는 경로를 잡았다. 여행 첫 날 부슬부슬 내리는 빗속을 가르며 스톡홀롬의 알린다 공항을 밤늦은 시간에 빠져나와 시내 유스호스텔에 숙소를 알아보기 위해 여행사에 전화를 걸었다.

공항버스를 타고 시내 중앙역에 도착해서 지하철로 갈아타고 일러준 대로 스톡홀롬의 진켄담, 유스호스텔을 찾아가서 방을 예약했다. 10대 후반으로 보이는 독일 아가씨들과 한방을 쓰게 됐다.

그들은 밤새 잠 한숨 자지 않고 얼마나 떠들어대는지 통 잠을 이룰수가 없었다.

다음 날 다른 방을 지정 받고 이번에는 50대 후반의 아주머니 세분과 같은 방을 쓰는데, 그 중 한 아주머니는 덴마크에서 온 여행객이었다. 혼자인 사람끼리는 금방 말벗이 이루어지는 모양이다.

덴마크 부인과 나는 밤을 잊은 채로 시간가는 줄도 모르고 도란도란 이야기꽃을 피웠다.

서로 간에 영어로는 대화가 가능하니까 별 어려움을 느끼진 않았다. 피차 상대방의 나라에 대해서 호기심을 갖고 서로 간에 질문과

답변을 통해 많은 것을 배우고 또 알게 되었다. 단지 이틀간의 짧은 만남이었지만 어느덧 친구가 돼 버린 우리는 주소를 교환한 후 후일을 기약하고 서로의 갈 길을 재촉하며 다른 여행지로 떠났다.

계획대로 여행을 무사히 마치고 귀국한 후, 예쁜 그림카드나, 엽서, 혹은 편지로 서로의 안부를 물으며 우리는 1년 동안 연락을 주고받았다. 다음 해의 휴가도 역시 유럽을 선택했다.

책과 사진을 통해서만 접해왔던 다른 많은 유럽의 국가들을 경험해 보고픈 뜻에서였다.

그리스 아테네를 시발점으로, 이태리 로마를 거쳐 프랑스 리용, 스위스 제네바, 오스트리아 찰스부르크를 지나 덴마크까지 올라가는 경로를 세웠다. 지난 해 스톡홀롬에서 처음 만났던 그 부인을 다시 한번 찾아보고 싶었다.

덴마크의 소도시 오더(odder) 기차역에 내려서 환전을 하기 위해 역무원에게 길을 묻고 있는데 누군가 곁에 다가와서 내 이름을 대면서 혹시 그 사람이 아니냐며 묻는 말에 나는 그렇다고 대답했다.

자신은 지난 해 여름 스웨덴에서 당신을 만났던 그 아주머니의 아들이며 어머니가 지금 직장에 근무 중이라 자리를 비울 수가 없어 자신이 대신해서 나를 마중 나왔노라고!... 소개하면서 반갑게 손을 내밀어 악수를 청했다. 그 누구도 상상하지 못했으며 꿈에도 생각하지 못했던 인연의 고리가 연결되어 그와 내가 결혼한 지 만 14년이 지난 세월이 결코 평탄하지는 않았지만 숱한 어려움 속에서도 행복은 그리 멀리 있지 않았다.

이렇게 해서 국경을 초월한 우리들의 첫 만남은 시작되었다. 여행에서 돌아온 후 거의 매일 편지를 주고받았고 밤마다 국제 전화로 사랑을 확인하며 꿈을 키워갔다. 그러던 1995년 12월 초에 남동생이 먼저 결혼식을 올린 약 2주일 후 크리스마스 닷새 전에 그는 배낭하나

달랑 매고 나를 만나기 위해 한국을 찾아왔다.

생전 처음 한국이란 낯선 땅을 겁도 없이 무작정 자신의 나라로 데려가기 위한 수단으로 모험을 할 수밖에 없었단다. 나를 데리고 덴마크에 가서 시장님을 주례로 세워서 결혼식을 올리자는 속셈이였다.

비로소 나는 혼자 간직했던 모든 사실을 엄마에게 고백하고 결혼을 허락해 달라고 말씀드렸다.

갑작스런 상황에 놀란 엄마께서는 삶은 호박에 이빨은커녕, 절대 승낙할 수 없다며 반대하셨다.

4살 때 아빠를 잃고 유복자인 남동생, 편모슬하에서 가난과 고통과 외로움 속에서 자라난 우리남매를 키우시며 고생하신 내 어머니 좀처럼 마음 문을 열지 않으셨다.

하지만 자식 이기는 부모 있던가! 일찍이 남편을 여의고 혼자 힘으로 두 남매를 위해 평생을 희생하며 고생하신 엄마를 설득하는데 많은 눈물과 인내와 줄달리기 식으로 간신히 허락을 받아 냈다.

한 달간의 체류동안 나는 계속 회사에 출근했고 그는 집에서 가족들과의 언어 소통이 되지 않을 때는 엄마가 회사에 근무하는 내게 전화를 하신다. 그러면 나는 그에게 전화로 통역해서 겨우 의사소통이 되는 어려움을 겪으면서 낯설고 물설은 이국땅에 와서 한국음식은 전혀 먹지 못하고 우유와 빵, 과일류로 식사대용으로 한 달을 지내다 보니 체중이 눈에 띄게 감소되는 것도 개의치 않았다.

말없이 참고 기다려 주는 그가 대견하고 내 마음에 끌렸는지 모른다. 이역 땅, 어느 길 한 모퉁이에서 자기 어머니의 심부름으로 나를 마중하러 기차역에 나왔다가 처음 만난 이후 실로 6개월만인 1996년 1월에 그와 나는 가족과 친지들의 축복 속에 호텔 웨딩홀에서 성황리에 결혼식을 올렸다.

제주도로 신혼여행을 다녀온 일주일 후 이곳 덴마크에 와서 행복한 보금자리를 마련했지만 처음 1~2년 동안은 거의 매일을 눈물로 세월을 보냈다.

영어로는 전 세계적으로 통용이 가능하지만 첫째 덴마크어를 모르면 취직을 할 수 없었다. 덴마크어를 전혀 모르는 상태에서 가족들과의 언어소통에 많은 어려움이 따랐다. 음식문화가 다르고 의식과 풍습이 다른 남의 땅에서 적응하기란 여간 힘든 일이 아니었다.

뜻하지 않았던 여행길에서 시어머니를 통해 부부가 된 사이지만 세계 어디에나 동서고금을 막론하고 고부간의 갈등은 한국의 전통과 별다를 바가 없었다. 시부모께서는 시내 아파트 생활을 하고 우리는 전원주택에서 따로 살았지만 시어머니는 이곳 텃밭을 이르며 가꾸시느라 거의 매일을 출퇴근 하시다시피 왕래하셨다.

시간이 갈수록 눈물겨운 시집살이는 계속되고 외로움과 설움에 복받친 내 눈에는 하루도 눈물 마를 날이 없었다. 하지만 이제는 그 많은 세월을 거쳐 시부모의 테두리 안에서 완전히 벗어나 해방된 자유의 몸으로 소도시 중심가에 넓고 큰 주택을 마련해서 행복한 생활을 누리고 있다.

[追 以]

이 글은 현재 덴마크에서 살고 있는 저의 딸이 원본을 작성한 것을 몇 군데 수정하고 고정해서 올린 글입니다.

제 2 부

무에서 유를 창조하신 하나님

겨울 여행

가을 나무에서 잎이 하나둘 떨어지는 것은 자연의 순리에 따라 다시 봄을 잉태하기 위한 신비로움으로 순회하지만 인간은 자신의 인생에서 나이테가 하나씩 더해가고 살날이 얼마 남지 않았다는 것은 세상에 태어난 고귀한 생명체라면 누구나 공감할 수 있을 것이다.

결국 무의 경지에서 생을 마감한다는 엄연한 사실을 알고부터 왠지? 마음이 조급해지고 생각의 깊음 속으로 빠져가는 자신을 돌아볼 때 아무런 흔적 없이 이대로 떠난다고 가정한다면 결코 후회 없이 살았노라 자부할 수 있을까?...

자라나는 후손에게 내 인생의 아름다운 흔적이라도 남기고 떠났으면 하는데 과연 어떤 모습으로 살아생전 살아 온 삶의 조각들이 아름다운 마무리가 될지 두려움이 앞선다. 세월은 오는 것이 아니라 가는 것이라 했던가?...

가문의 훈장이 될 만한 소중한 그 무엇과 영원히 기억될 수 있는 가훈을 물려줘야 할 텐데!...

단조로운 일상의 굴레를 훌훌 벗어 던지고, 고독이란 무형의 그림자를 벗하고 시간의 제한 없이 어디론가 훌쩍 떠나고 싶은 마음과 생각은 누구나가 한번쯤은 갈망하고 공감했을 것이다. 삶의 의미란 얼마나 깊은 내면에 숨어 있는지 육안으론 도무지 찾을 수 없다.

다만 차창밖에 스쳐가는 산이나 들을 건성으로 지나치지 말고 진정한 눈과 마음으로 바라보고 있으면 그저 들이나 산일 뿐이지만. 마음을 비운 채 영의 눈을 크게 뜨고 긍정적인 눈으로 직시하면 나 자신도 산이 되고 들이 된 것 같다. 단 며칠간의 일정이지만 길지도 짧지도 않는 자유로운 해방감이 과연 얼마만큼 깃털처럼 가볍고 편안하고 유익이 될 수 있을지?...

목적도 계획도 없이 무작정 떠나고 보는 지금의 심정 무어라 표현할 순 없지만 반신반의 하면서 마음속에 담겨진 생각들은 무어라 표현할 수 없을 정도로 가슴 벅차고 들뜬 기분은 그 무엇에도 견줄 수 없지만 혼자 나서기엔 두렵고 겁나고 정함이 없는 마음 갈팡질팡이다. 그래서일까? 정신없이 허덕이며 살 때에는 저 만치서 산이 나를 보고 있지만 내 마음이 그윽하고 한가로울 때는 내가 산을 본다.

자연의 신비에 둘러싸여 지혜롭게 살았던 아메리칸 인디언들은 달력을 만들 때 그들 둘레에 있는 풍경의 변화나 마음의 움직임을 주제로 하여 그 달의 명칭을 정했다고 한다. 그들은 외부의 형상들을 바라보면서 동시에 내면을 응시하는 예리한 눈을 가졌다고 한다.

한동안 무성했던 잎과 열매들을 말끔히 떨쳐내고 마지막 잎새까지 벗어 시린 발목을 덮어주고 두 팔 벌린 채로 겨울 찬바람 속에 알몸으로 의연하게 서 있는 나목들을 보면 침묵과 무소유의 의미를 가슴 저리게 실감할 수 있다.

하나님이 창조하신 자연의 섭리 외는. 그 어떤 것도 한 때이며 그 어디에도 영원한 피조물은 없다.

속옷 하나 걸치지 않고 겨울 한파에 떨고 서있는 수목들을 뒤로하고 스쳐 가는 차창밖엔 회색 빛 하늘이 드리운 시야에는 눈이라도 펑펑 쏟아질 것 같은데 끝내 눈은 내리지 않고 모든 사물을 뒤로 한 채 달리는 차창에 눈송이가 휘날려 준다면 한층 고조된 운치에 젖어 영원히 잊지 못할 아름다운 추억으로 기억될 텐데!...

열차는 어느 이름 없는 간이역에 잠시 정착한 역사 주변에는 고요와 침묵만이 감돌고 꽃을 가꾸었던 화단에는 동사를 막기 위한 꽃대와 뿌리를 짚단으로 감싸인 손길에 겨울잠에 흠뻑 빠져 있는 정겨운 모습이 이채롭다.

열차는 수많은 터널을 지나 굽이굽이 돌아서 목적지에 도착했다. 저문 해거름에 작은 산동네는 어둠이 깔리고 희미한 불빛이 하나 둘 새어 나오는 낡고 허술한 오두막집을 찾아들었다.

군불을 지피는지 솔가지에 낙엽 태우는 구수한 냄새가 길손의 발목을 붙잡는다. 코끝으로 스며드는 옛 고향의 향수처럼 정겨움과 아늑함이 가슴으로 밀려오고 하늘의 수많은 별들을 헤아리며 고독한 나그네의 외로움을 새겨본다. 우물 안 개구리처럼 사방 산으로 둘러싸인 산간벽촌에 발목 묶인 날들은 휴대폰도 터지지 않아 연락망도 두절된 채... 고립된 침묵 속에 갇혔지만 마음은 더 없이 평온했다.

하늘은 맑고 산과 나무숲으로 울타리 쳐진 외딴 산골 사람들의 마음은 깨끗하고 순진하며 인심이 후하다.

오래도록 그곳에 눌러앉아 혼자만의 자유를 누리고 싶었지만 스스로 다짐한 자신과의 약속을 지키기 위한 다짐으로 짐을 챙겼다. 허리 굽은 소나무에 황새 한 마리 앉았다가 애틋한 사랑의 목마름을 흐느끼듯 날개를 접은 채 들녘을 서성이고, 고즈넉이 엎드린 산등성이에 또 다시 어둠이 깔린다.

집집마다 저녁연기 모락모락 피어오르면 길 잃은 양떼처럼 마음은 더욱 설레고 육신은 고향의 품으로 돌아온 듯, 야릇한 감성에 젖는다. 하늘과 땅 사이 드넓은 공간에 숲과, 계곡, 낙엽 쌓인 오솔길을 홀로 걷다 보면 세상은 온통 나만이 존재하는 착각이 들어 해맑은 눈빛으로 몸과 마음을 허공에 띄워 본다.

돌아오는 길은 장시간 기차여행을 즐기기 위해 청량리행 중앙선 통일호 열차에 올랐다. 수많은 간이역과 길고 짧은 터널을 지나 강원도 태백산 줄기를 유유히 돌아서 산중턱을 넘고 강을 건너 달리는 철마 속에 몸을 맡긴 채 철길 따라 물길 따라 목적지에 당도하고 보니 산과 들은 어디에 두고 나만 홀로 군중 속에 고독한 나그네 신세가 따로 없다.

산새가 수려하고 깊은 골짜기와 나무와 숲이 울창한 아름다운 우리의 금수강산 역시 이 나라는 세계 어느 나라에도 비교할 수 없는 빼어난 산하가 비옥하고 풍광이 아름답다. 여행에서 돌아온 밤사이 강원도 산간에 많은 눈이 내린 설경이 TV화면에 비쳤다. 티끌 하나 없이 헐벗은 나뭇가지마다 은빛 눈꽃으로 수놓은 자연의 신비가 경이롭다.

만년설에 덮인 저 아프리카 탄자니아의 최고봉 킬리만자로의 하얀 눈처럼...

소낙비와 천둥소리

여름밤 세차게 내리는 비바람으로 유리창이 덜컹거리는 소리를 들으며 오늘도 나는 일기를 적는다.

커튼 자락을 살며시 젖히고 창밖을 내다보았다. 드넓은 정원에 핀 꽃들이나 잔디가 비에 젖은 채 바람에 흔들리고 푸른 나뭇가지에서 서걱이는 잎새들은 세찬 바람에 중심을 잃고 간신히 버티고 서 있는 모습이 처량하고 애처롭다.

오늘밤처럼 비를 동반하고 바람소리 요란할 때면 나의 귀여운 손자 손녀의 보드라운 숨소리와 따뜻한 체온이 그리운 밤이다. 나뭇잎이 수런대도 눈물이 돌고 열심히 책을 읽어도 가슴 한구석은 허탈하게 모든 것이 무너져 내리는 설움을 혼자 달랜다. 창밖에 어른거리는 나무 그림자만 봐도 가슴이 울컥, 사람이 그리운 이국의 밤거리는 적막 속에 묻혀있다.

지난 세월 난 겉으로 보기엔 평온해 보였어도 왠지? 내 자신을 어쩌지 못해 안으로는 끝없이 눈물을 삼키며 지내온 고독한 삶이요, 외로운 인생이었다. 그 옛날 혼자서 혹독한 가난과 질병을 앓으며 혼자 그 고통을 이겨내려고 발버둥 치며 가시밭길 헤쳐온 그때 그 시절이 차라리 그리운 것은 왜일까?

이름 없는 작은 풀꽃 한 포기에도 눈길을 주고 길가에 버려진 돌멩이 한 조각에서도 살아 있음을 확인하면서 아무것도 없음과의 완전한 일치! 빈 주먹 쥐고 세상에 왔다가 누구나 떠날 때는 두 손 비운채로 마지막 길을 떠나는데. 난 왜 이리도 한세상 사는 삶이 남달리 고달프고 괴로운가!

희뿌연 안개비에 가리운 창문 너머로 사물을 보는 눈을 새롭게 뜨고 공전하는 세상에서 그리움을 선망하는 모든 것에 대한 애착일수록 너무 가까이 다가서지 말자, 마음 다짐하고 가까이에선 오히려 뚜렷하고 올바른 실체를 볼 수 없다는 건 보는 안목에 따라 다를 수 있을 것이다.

얼마쯤의 거리 너무 멀지도 너무 가깝지도 않는 거리를 통해서 그리운 것의 실체는 볼 수 있지 않을까 스스로 자문해 보면서 헤어질 줄 모르고 마음 서성이던 그날에 별빛처럼 행복은 언제나 내일과 더불어 존재하는 것이기에 먼 훗날 그날이 오면 발밑에서 키우는 참 행복은 내 곁으로 성큼 다가올 것을 믿는다.

어느 시인은 이렇게 표현했다.

"참으로 기다림이란 차갑고도 슬픈 호수와도 같은 거라고..."

바다에 나가 수평선을 바라보고 섰으면 왜 그렇게도 그리운 얼굴들이 파도처럼 밀려오던지!

늘상 무지개를 만나는 경이로움으로 매일을 살 수 있으면 더 없이 행복하고 신나는 일인 줄 알면서도 언제나 나 자신은 창살 없는 감옥에 갇혀 사는 수인에 불과하다는 인식을 하게 된다.

먼 훗날 이마에 세월의 흔적인 주름살이 몇 겹 더 굵게 드리워도 무지개를 우러르며 고운 미소를 지울 수 있었으면 좋겠지만, 어린 시절부터 신체적인 아픔으로 인한 고독 속에 묻혀야만 했던 나 스스로의 자괴심이 자신을 가두는 울타리가 되어 헤어나지 못하고 오늘에 이르렀는지 모른다.

하지만 이제는 자유를 누리며 못다 한 사랑을 절감하고 반성하면서 더 열심히 살아서 내 삶의 나이테가 제법 견고해 졌을 때. 그냥 멋이나 허영으로 쓰는 글이 아닌 내면의 깊이에서 뿜어 올리는 간절한 그리고 여운이 남을 글을 쓰고 싶다. 단 한 줄의 글 속에 깊은 의미가 담겼듯이.

누구나 서로 아름다움을 공유할 수 있는 한편의 인생여정을 드라마처럼. 엮어내어 천년의 세월이 흘러도 녹슬지 않고 빛 바래지 않는 오랜 기억 속에 흔적으로 남을 수 있는 글이라면 나의 삶은 후회 없는 아름다운 마무리가 되겠지만 결코 그렇게 되지 못하면 이 세상에 머물다 간 보람은 어디에서 찾을 수 있을까?

내가 두 번째 여기 와서 있는 동안 딸이 거주하는 주택을 이층으로 증축하게 되면서 승용차로 약 15분 거리의 이곳에 와서 임시로 두어 달 민박을 하면서 지내기로 했다. 60대로 보이는 노부부가 사는 공간은 갖가지 과실나무와 형형색색의 꽃들과 푸른 잔디로 빽빽이 들어차서 끝이 보이지 않는 넓은 정원을 두 분의 손길로 구석구석 알뜰히 가꿔 놓은 뜰에 비해 초가집 저택은 아주 옛날 고옥이다.

내가 이곳에서 지내는 동안 남아도는 시간을 주체할 수 없어 언젠가 한국에서 신문을 보고 소개해 준 같은 성을 가진 내 딸이랑 비슷한 연배의 한국 여성이 덴마크 사람과 결혼해서 대학생인 두 남매를 두고 사는 부부가 지금은 덴마크를 떠나 스웨덴 스톡홀름에서 어느 대학교 교수직에 몸담고 있는 유일한 한국인의 친구로 이웃에 살면서 가깝게 지내는 사이가 되었다.

그녀가 이사 떠나기 전 자기 서가에 꽂힌 소설책을 30여 권을 빌려줘서 그 많은 책들을 밤을 낮 삼아 읽었지만 나에게 공감은 주었으나 참된 위로와 마음의 평온은 얻지 못했다. 불 꺼진 방 한구석에 기댄 채 그 어둠속에서 얼마나 가족이 그리워 울었는지! 두고 온 얼굴들이 보고 싶어 잠을 설쳤다.

언어소통이 전혀 안 되는 낯선 이국땅 여기선 서로 마음 통하는 대로 대화를 할 수 없어 손짓 발짓 온 몸짓으로 표현을 하지만 역시 의사소통은 쉽지 않아서 분위기는 더욱 서먹하고 피차 어색한 표정만 지을 뿐이다.

사계절이 뚜렷하고 풍광이 아름다운 우리의 조국 대한민국의 정감 있는 우리말이 절실한 이곳은 비록 언어소통은 되지 않지만 주고받는 눈빛 속에 어려 있는 교감은 정겹다. 민박에서 손수 밥을 지어먹느라 주방 하나로 여러 사람이 드나드는 아침저녁에는 낯선 얼굴들을 많이 만나게 된다.

가까운 이웃나라 유럽에서 구경차 온 파란 눈, 갈색 눈, 얼굴 생김새도 각자 다른 모습이지만 늘 웃음 띤 표정과 예의 바른 친절은 동양이나 서양이나 별 다를 것이 없었다. 하지만 군중 속에 고독이라 했던가!...

외롭고 고독할수록 성경 신구약을 열심히 읽었다. 새벽 미명의 시간 속에 잠겨 그리운 얼굴들을 하나하나 떠올리며 이제껏 살아 있음에 감사의 눈물을 베갯잇이 젖도록 흘렸지만 자신과의 싸움에서 이기려면 우선 범사에 감사를 입술이 마르도록 드려야겠다는 생각을 일깨웠다.

눈앞이 텅 빈 상태에서 참된 기쁨이 내 가슴속에 가득히 차오르면서 진실로 참된 기쁨, 참된 평온은 자신을 모두 다 비우고 쏟아낼 때 비로소 희락과 평안이 솟아나는 것처럼, 바람이 임의로 불어왔다가 임의로 불어가듯이, 사람이 언제 어디에서 어느 순간, 어떻게 누가 무슨 일을 만날지? 미련한 인간이 어찌 한 치인들 자신의 앞날을 헤아릴 수 있으며 예비할 수 있을까?

내가 외로움을 느끼고 슬플 때 항상 곁에서 위로해 주시고 따뜻한 품으로 안아주신 그분은 지금도 말할 수 없는 탄식으로 나를 위해 친히 갈망하며 기도하고 계심을 마음깊이 새기면서 감사를 드린다. 깊은 밤 침묵에 잠긴 창밖의 나무들을 보면서 이제는 조용히 잠을 청해 본다.

- 2000년 8월 어느 날 덴마크 민박에서 쓴 일기 중에서

제30회 장애인의 날을 맞아

우후죽순처럼 늘어나는 차량들의 홍수 속에서 언제 어디서나 예고 없이 당하게 되는 교통사고 피해를 막을 수는 없을까? 자동차는 우리 사회에서 없어서는 안 될 필수조건이며 인간이 살아가는 생업이나 일상 속에 유일한 생활수단이 되기도 한다.

하지만 자동차는 교통수단에 편리한 점도 있지만 한순간의 부주의로 자신이나 타의로 말미암아 귀중한 생명을 잃거나 불구가 되는 가장 무서운 흉기로 돌변할 수 있으며 일생을 망칠 수 있는 무서운 흉기로 돌변할 수 있다는 사실은 이 세상 누구나가 알면서 살아가는 엄연한 현실이다.

사람이 이 세상에 태어날 때는 반드시 순서가 있지만 죽을 때는 순서가 없으며 예고 없이 당하는 한순간의 교통사고란 죽음의 만찬에 초대되는 경우는 나이 차이도 직위고하도 빈부귀천이나 높고 낮음도 없으며 남녀노소가 따로 없다.

"나는 건강하다, 몸이 성하다" 가슴 내밀며 자부하던 사람도 어느 순간 예고 없이 불구가 될 수 있고 유명을 달리할 수 있는 시대적 격변 속에 우리는 목숨을 담보로 삼아 한치 앞을 모르는 어지럽고 복잡한 세상을 하루가 다르게 살아가고 있다.

세상은 요지경 속이라 했던가? 이렇듯 요람에서 무덤까지 그 시기적 차이나 마지막 가는 인생의 모습은 천차만별이다. 남 보기에 육신은 멀쩡한데 마음이 병들어 온전하지 못한 사람, 뇌신경이 마비된 뇌사상태, 사물을 구별하지 못하고 생명은 있으되 자신이 누구인지 모르는 감각도 의식도 없는 식물인간, 모두가 산업재해나 교통사고로 인한 후유증이요. 후천적 비극이며 불행한 일이 아닐 수 없다.

환경적인 오염이나 공해나 약물 중독으로 인한 선천적인 장애를 가지고 태어나는 아이들은 또 얼마나 많은가?

다리나 팔이 없이 기형으로 태어난 천재들도 있는가 하면 후천적 장애로 인해 남은 한쪽 부분으로 정상인 못지않게 신체적 불리한 조건 때문에 피땀 흘리며 정상인 보다 몇 배 노력을 해야 살아갈 수 있다.

하지만 정신적인 장애를 가진 사람은(자폐, 간질, 몽골리즘, 정신박약 등) 구제받을 방법이 없으니 슬프고 안타까운 일이다. 이들을 위한 특수교육이나 재활훈련을 통해 다소 호전되기도 하지만!...

일생동안 장애라는 딱지를 이마에 붙이고 휠체어의 두 바퀴가 닳도록, 혹은 의족이나 보조기서 삐걱삐걱 신경 거슬리는 소리가 날지라도 삶의 현장을 누비며 후손들에게 값진 유산을 물려주기 위한 노력은 참으로 눈물겹도록 처절한 현장이다. 한집안의 가장, 또 부모로서 집념이나 책임감은 분화구보다 뜨겁고 열정적이다.

신체의 어느 한 부분, 몸 전체가 불편하다고 해서 정상인이 하는 일을 못하고 못 따라 가는 것은 아니다.

다만 정도의 차이에 따라 장애를 가진 자신이 불편할 뿐이며 속도가 조금 느릴지는 몰라도 편견을 가지고 그리 만만하게 볼 대상은 결코 아님을 인정한다.

올바른 정신, 생각하는 사고나 감성은 세상 누구보다 민감하고 현명하며 지혜롭다. 정상인 보다 몇 갑절 흘리는 땀과 피나는 노력과 투쟁으로 얻은 열매가 더 값지고 빛이 나며 높은 정상에 우뚝 선 입지적 훌륭한 이들도 많이 볼 수 있다. 성한 사람이 뛰어갈 때 함께 뛰면서 앞질러 갈 수는 없지만 지혜와 능력과 인내심은 누구 못지않다고 감히 덧붙이고 싶다.

세심하고 강인한 의지와 정신력으로 어쩌면 세상 누구와도 경쟁상대가 될 수 없는 마음은 한발 앞서가고 있는지 모른다. 하나님은 약한 자를 들어 강한 자를 부끄럽게 한다는 말대로 정상인과 장애인이 공존하는 사회에 편견 없는 눈길을 주고받으며 상대적(에로스) 사랑보다 아픈 상처를 어루만지며 위로해 줄 수 있는 조건 없는 사랑(아가페)인 진실한 사랑이 더욱 절실하다.

"동정은 싫어요. 사랑 해 주세요!" 어느 장애인의 피울음의 절규처럼 편견과 선입견을 앞세워 동정 어린 시선을 피하고 새로운 인식과 미래지향적인 넓고 아름다운 세상을 따뜻한 눈빛과 손길로 포용하고 감싸며 보듬어 줄 수 있는 절대적 애정과, 헌신, 봉사로 더 불어 살아가는 공동체가 될 때 세상은 더없이 행복하고 살맛나는 사회가 될 것으로 확신한다.

우리 서로 함께 살아가는 만남의 우정에서 대화의 광장으로 넓혀가는 사랑의 架橋로 이어질 때 지구상의 인류는 물론, 이 세상은 태양빛처럼 더욱 밝고 행복한 미래가 약속될 것이라 믿는다. 정부나 국가에서도 생명의 존엄을 소중히 여기고 아끼면서 교통사고나 산업재해로 인한 장애인 수가 날마다 증가하는 추세가 안타깝고 가슴 아픈 일이지만 아픈 만큼 성숙되고 발전해 나가기 위한 발돋움이 됐으면 좋겠다.

수많은 장애인 모두가 후회 없는 내일의 성장을 위해 창출하며 창조할 수 있는 안정된 직장에서 재능과 능력을 유감없이 발휘하면서 산업의 현장에서 차질 없는 삶을 꾸려가는 터전이 마련되는 그날은 언제쯤일까?

시급히 요구되는 경쟁사회에서 살아남기 위한 호구지책으로 노동은 해야 하는데 불러주는 일자리가 없고 사람을 고용하는 생산직도 차츰 기계화에 밀려 인력이 남아도는 청년 실업자나 장애인은 한낱 강 건너 불구경에 불과하다.

날마다 생업을 찾아 몸부림치는 소리 없는 아우성에 정부는 좀 더 세심한 관심을 가지고 귀 기울여 주길 바라는 시점에 언젠가부터 우리 정부에서도 복지 정책이 날로 향상되고 활성화 되어가고 있음을 피부로 느끼는 요즘 정책이 고맙다.

그래서 교감하고 공감할 수 있는 장애우나 비장애인이나 빈민을 위한 복지사회가 이제는 선진대국 못지않게 어깨를 나란히 발전하고 성장해 가는 모습이 이 땅에 참 민주국가로서의 밝은 미래가 열릴 것이며 축복받은 대한민국임을 자랑스럽게 생각한다.

[追 以]

이 글은 서울에 살 때 여의도교회 약 1000여 명 되는 장애인기관 단체에서 15년간 일하고 봉사하면서 겪었던 일들을 보고 듣고 느낀 바를 적은 사연입니다.

독서에 심취

며칠 전 읽다가 접어 둔, 송광사 법정 스님의 명상 에세이 『새들이 떠난 숲은 적막하다』를 다시 펼쳤다.

역시 그분의 글은 읽으면 읽을수록 뭔가? 생각이 깊어지고 마음을 사로잡는 공감대가 형성된다.

고요한 수풀 속에 새들의 아름다운 노랫소리를 공유하면서 잃어버린 내 본연의 모습을 찾아 깊은 산속을 헤매이듯이... 어느 날, 갑자기 머나 먼 이국의 하늘을 향해 길을 떠났다.

꽤 넓은 정원 둘레로 빽빽이 들어찬 나무숲은 가벼운 바람에도 빛의 현란한 몸짓으로 수런댄다.

화초와 과실나무로 조화를 이룬 풀빛 싱그러움 속에서 한낮의 햇살이 눈부시다.

시원한 나무 그늘을 찾아 흔들의자에 몸을 묻은 채 한가롭게 책을 읽는다는 것은 이보다 더한 행복이 또 있을까?... 내게는 너무 과분한 축복이며, 또한 잊을 수 없는 이국땅 풍경에 흠뻑 젖은 설레임이다.

매일처럼 독서를 통해 새로운 세계가 눈앞에 펼쳐진다. 하나님의 말씀을 많이 먹고 영혼을 살찌워서 기도를 쉬지 않으면 심령이 맑아지고 영의 귀와 눈이 열려 미지의 세계 사물까지도 훤히 보이는 듯하다.

가을은 독서의 계절이란 말도 이젠, 옛말이 된 것 같다. 마음의 수

양을 쌓기 위해 좋은 책들을 많이 읽으면 영적인 시야가 넓어짐을 깨닫고 광야 같은 인생길에 한 모금의 오아시스를 발견하게 된다.

나는 오래전부터 법정 스님의 글을 즐겨 읽는 편이다. 우선 읽기 쉽고 거부감 없이 마음에 포근히 젖어드는 감미로움... 꾸밈없는 솔직함. 거짓 없는 진실성이 마음에 와 닫기 때문이다.

그분의 글을 읽다보면 보고 싶어지고 만나서 손이라도 한번 잡아보고 싶은 심정은 유독 나만의 바램과 소망이 아닐 것이며, 누구나 공감할 수 있는 서정어린 향수처럼 늘 가슴속에 그리움으로 피어오른다.

종교는 비록 다르다 할지라도 초월적인 인간의 그 심오한 사상과 생각과 자연을 아끼며 사랑하는 순수함이 몸에 익숙해서라기보다 경이로운 수도자로서의 한계점을 넘어선 맑고 고운 그의 심성을 존경하기 때문이다.

가을바람에 뒹구는 가랑잎 한 잎에도 돌 틈 사이를 비집고 살며시 고개 내민 작은 풀포기 하나에도 살가움을 간직하고 생명의 존엄을 아끼며 소중히 여길 줄 아는 호수처럼 맑고 심연의 깊음 속에서 건져올린 주옥같은 언어들의 아름다움이 돋보인다.

바람소리 물소리 새소리 벗을 삼고 초야에 묻혀 글을 쓰며 책과 더불어 살아가는 한 수도승의 삶이야말로 축복받은 인생이요, 고귀한 생의 슬기로움이 혼탁한 세상에 향기를 뿌려주기 때문이리라...

각종 소음과 오염된 세속을 피해서 여기 이대로 조용히 사색하며 마지막 호흡이 끝나는 순간까지 머물 수 있다면, 차라리 그 길만이 자유로운 선택의 길이 될 수 있을 터인데, 어찌 보면 그마저 마음대로 할 수 없다는 사실이 안타깝고 아쉬울 뿐이다.

인간의 조건이란 끝이 없는 시작에 불과하기에, 깊은 산속 어느 수도승처럼 한 가닥 영혼의 불씨를 밝혀들고 언제까지나 혼자이며 끝없이 홀로 고독하고 싶은 마음 불길처럼 일렁인다.

때 묻지 않는 존재의 상징이 되어 산상의 신선한 공기를 마시며 상천하지의 공간에서 마음을 비우고 훨훨 날으며 깃털처럼 가벼운 몸으로 상상의 세계를 자유롭게 날고 싶다.

아~아~ 여명이 밝아오는 이 아침의 눈부신 햇살처럼!...

[追 以]

"이제 시간과 공간을 버려야 겠다" 이 한마디 남긴 채 어제(2010년 3월11일) 입적한 법정 스님을 애도하는 마음에서 지난 날 해외 여행하면서 일기장에 썼던 그분에 대한 이야기와 함께 몇 줄의 추모의 글을 올려봅니다.

탐욕으로 점철된 이 시대에 청빈의 삶을 몸소 실천한 법정께서는, 영혼의 향기를 수많은 장르의 저서를 통하여 우리의 강팍한 심령을 녹여주고 표현 하셔서 무소유의 가르침을 미련한 중생들.

즉 수많은 대중들에게, 깨우침과 일깨움을 주기도 했다.

법정께서 13년 전 12월 (故)천주교 김수환 추기경님과 함께 여러 종교화합을 이루는 모습을 여러 지면을 통하여 보았고 길상사에서도 볼 수 있었습니다.

또한 아름다운 종교 간의 공존하는 한국사회의 발전에 크게 기여했으며 이 땅에 큰 족적을 남기고 떠난 두 분께서는 어쩌면 1년이란 시간과 공간을 사이에 두고 거의 같은 시기에 아쉽게도 유명을 달리하셨습니다.

이 시대에 어둠을 밝히려 오셨던 두 별이 떨어진 자리엔 애도의 물결이 줄을 이었고 슬픔의 그림자만 길게 드리운 채 이생에서 마지막 떠나는 길목에 서 있습니다.

부디 영원한 안식처에서 영민하시고 편히 잠드소서...

한순간의 실수

한치 앞을 모르고 사는 것이 사람의 일이며, 급할수록 돌아가라는 속담도 있듯이 시간에 쫓기는 마음의 서두름이 결국 큰 화를 불러일으킬 수 있다는 사실을 실재로 경험한 일이다.

지난(2009년) 7월 14일 이른 아침에 일어났던 사고가 나의 작은 실수로 삶과 죽음을 가늠하는 전혀 예상치 못했던 일이 벌어진 것이다. 새벽기도회에 갔는데 예배 시작 전에 목사님께서 느닷없이 광고 말씀을 들려 주셨다.

뇌출혈로 입원한지 오래된 구역식구 중 남자 성도님께서 지난 주일날(12일) 돌아가셨다는 비보였다.

3일장으로 울산대학병원에서 오늘 아침 8시에 발인예배를 드린다는 소식에 나는 아무것도 모른 채 잠자리서 일어난 그대로 옷만 챙겨입고 갔기 때문에 집에 다시 와서 옷을 갈아입고 세수만 대충 하고 둘러 승강기를 타고 아래층으로 내려갔다.

나의 유일한 교통수단인 전동 스쿠터에 올라 앉아 안전벨트를 매고, "주님 오늘하루도 무사히 지켜주세요."

마음속으로 기도하면서 시동을 걸었다. 앗차 순간의 실수로 후진을 한다는 것이 그만 전진을 눌러버린 내 실수를 기계는 그대로 실천에 옮긴 것이다.

바로 코앞에 지하로 내려가는 계단으로 내가 타고 앉은 전동 스쿠터는 거침없이 지하로 굴러가는 찰라 "아버지 살려 주세요!" 외마디 소리를 질러놓고... 무의식중에 손잡이를 놓는 순간 스쿠터는 계단 중간쯤에서 위태롭게 걸쳐져 멈춰 있었다. 몸은 사시나무 떨듯 떨려서 앉은 채로 꼼짝도 못하고 있었다.

때 마침 위층으로 올라가려던 이웃 아저씨가 상황을 발견하고 혼자서 도와주려고 애를 썼지만 힘이 모자랐던 그 아저씨... 급히 경비실로 달려가 경비아저씨를 동원하고 또 한 분, 세 분이 힘을 합쳐 계단 중간쯤에 위태롭게 걸쳐 있는 스쿠터를 간신히 들어 올릴 수 있었다.

참으로 고마우신 이웃사촌임을 새삼 절감하면서 눈시울이 젖어옴을 참았다. 한순간에 일어난 일이라 나는 얼마나 놀랬던지! 다리가 후들 거리고 머릿속이 멍해짐을 느끼면서 다시 정신을 차리고 차에 올랐다.

입술이 바싹바싹 마르고 혀가 잘 움직여지지 않아서 말을 제대로 할 수가 없었다.

그런 상황에서 시간은 어느덧 6시 50분이 지나 7시 10분이 되서야 교회 도착했더니 함께 갈 사람들이 차에 타고 나를 기다리고 있었다. 울산대학병원에 8시 5분에 도착해서 발인예배를 드리고 집에 돌아온 뒤부터 온 전신이 결리고 아파서 다음 날 아침까지 일어나지 못하고 중환자처럼 끙끙 앓았다.

다행히 뼈가 부러졌거나 크게 다친 데는 없는데 몇 군데 타박상으로 인한 멍이 팔 다리에 시퍼렇게 들어 있을 뿐...

많이 놀란 탓인지 마음의 안정이 쉽지 않았다. 만일 안전벨트를 매지 않았더라면 나는 그대로 지하 바닥까지 굴러 떨어져서 중상을 입었거나 뇌진탕으로 인하여 내가 죽을 뻔 하지 않았나 생각만 해도 심장이 떨린다.

순간 하나님께서 붙들지 않으셨다면 큰 사고로 이어질 뻔 했다. 아들은 새벽같이 출근한 뒤였고 다른 식구에게도 아직 말도 못했지만... 항상 주의를 하고 정신을 차리라는 채찍이라 믿고 좋은 경험을 했다는 생각에 그저 매사에 감사할 조건임을 일깨웠다.

이 시간에도 운전대를 잡고 계시는 분들이여! 목숨은 하나밖에 없다는 것을 명심하시고 언제 어디서나 안전벨트를 필히 착용하시고 운전하시기 바랍니다. 안전벨트는 목숨과 직결되는 유일한 생명줄이니까요...

남편 사별 후 42번째 이사

10년 전(2003년) 5월에 덴마크서 돌아 온 즉시 서둘러 인천에서 지방으로 낙향하는 이사 문제로 마음이 심란했다.

멀리 유럽에 사는 딸의 집 방문 차 두 달 남짓 집을 비운사이 남은 가족들(아들 내외 손자 손녀)에게 무슨 피치 못할 일이라도 생겼는가! 궁금한 생각은 접어두고 대책 없이 마음 쓰이는 궁금증이 머리를 쳐든다.

갑자기 이사는 또 왜? 하게 됐으며. 그동안 뜻하지 않았던 환경적 변화에 마음 서성이며 갈등했다. 서울서 장가든 아들내외와 살림을 합치고 인천 부평에 새로 지은 빌라 한 채 분양받아 이사한지 7년 동안 귀여운 손자 손녀를 얻고 기쁨을 함께 나누며 지내오던 지인들, 수십 년을 몸담고 섬기며 일해 온 교회 교우들과 동료들, 그리고 이웃사촌들을 두고 떠나온다는 사실이 믿어지지 않았다. "이별은 또다시 만남을 위한 시작이라 했지만!..." 무엇보다 예순을 넘긴 늦깎이로 문단에 입문하면서(2000년 11월 수필로 등단함) 아들과 딸 같은 젊음 속에 묻혀 선의의 경쟁을 겨루며 고락을 함께 하던 문학을 동경하는 젊은 작가 지망생들과, 그리고 같은 또래의 동료들...

시와 수필, 동화, 소설 등등.

다양한 장르로, 자신의 적성에 맞는 과를 선택해서 배움의 열중하는 수많은 문우들과 헤어지기 아쉬워 구석진 곳에 숨어 혼자 눈시울

적시며 울었다. "있을 때 잘 해" 노래 가사처럼 몸 부대끼며 한 가지라도 더 익히고 배우기 위해 서로 선의의 경쟁을 부추기며 남보다 뒤처질세라 갈등하고 마음 언짢아하면서 미운 정 고운 정 다 들여놓고 헤어져야 하는 현실 앞에 서운한 마음 어디 비할 데가 없었다.

하지만 고향인 대구를 떠나 서울살이 38년의 세월을 뒤로하고 내려오게 된 동기는 아들직장 따라 오게 된 것을 오히려 잘 된 일이라 감사하며 기뻐해야 할 것 같다. 서울에서의 그때 그 시절은 내 생애에 최고의 절정이었고 가장 즐겁고 행복했던 시기였음을 돌아본다. 각자 등단의 꿈을 안고 목표를 향해 달려가는 배움의 열정 앞에선 한 치의 양보가 없었다.

배우고 가르침 받은 정기 교육이란 졸업장이 없는 초등학교 6학년의 학벌이 전부이며 문학에 대한 전공이나 전문적인 학과 지식을 더 이상 배우지 못한 처지로 지금껏 살아온 나 자신이라 나이 젊고 학벌 좋은 옆 사람들보다 몇 갑절의 피나는 노력과 인내력이 필요했다.

그래서 최고 학벌에 문과를 전공한 지망생들과의 힘겨루기가 아닌 두뇌 경쟁은 고래 싸움에 새우등 터지는 격이라 할까!

뱁새가 황새걸음을 좇아가려면 가랑이가 찢어진다는 말도 있으며, 또한 조건이 불리하면 노력을 배로 하라는 말도 있듯...

그만큼 갈고 닦고 힘써서 많은 사람이 공유할 수 있는 단 한편의 글을 쓰기 위한 나의 욕망과 꿈은 생활의 절반 부분을 차지하고 있다 해도 과장이 아니다.

시기와 질투 미워하던 그때는 왜 그래야만 했던지!... 이제 와서 돌이켜 보면 후회가 막심하다. 좀 더 이해하고 아끼며 가까이 다가가서 사랑으로 품어 주지 못한 허물을 남기고 떠나온 아픔이 두고 두고 가슴을 후볐다. 때늦은 반성을 해 보지만 우리는 이미 서로 눈길이나, 손길조차 닿을 수 없는 천릿길 되는 먼 거리에 떠나와 있음을 실감한다.

이사 온 지 20여일이 지나서야 이제 겨우 정리가 되고 어느 정도 자리도 차츰 잡혀갔다. 2300m 앞 큰길은, 산업도시 울산과 문화의 도시 경주와의 경계선인 4차선 7번 국도는 집채만 한 각종 철물과 기기들을 실은 트럭이 땅이 꺼질 듯한 울림과 굉음을 내면서 쉴 새 없이 질주하는 거리에 나서기가 무섭고 두렵다.

인도가 따로 없는 차도에 서면 흡사 빨려 들어갈 듯 쌩쌩 달리는 각종 크고 작은 차들의 홍수 속에 그 위력을 바라만 봐도 현기증이 나고 어지럽다. 처음 이사 와서 높은 고층에(13층) 살게 된 것도 익숙하지 못한데 갑자기 바뀌어버린 생활환경. 생소한 조건들의 낯설음에 적응하기가 쉽지 않았다.

하지만 차츰 세월이 가면서 아침마다 신선한 공기를 마시며 자연 속에 머물러 소일하는 일상생활이 나날이 호전되고 새로운 감회에 젖어 행복하다. 사방 바라볼 수 있는 시야가 끝이 없으니 마음의 빗장을 열고 가슴 가득 품을 수 있는 여유로움이 있어 희망을 꿈꿀 수 있는 새로운 내일이 있음을 가슴 벅차도록 감사가 넘친다.

짧기만 한 여름 밤은 물덴 논에서 밤새 개구리 개골대는 합창 노래에 잠들고 어디선가 아련히 들려오는 새벽을 깨우는 닭 울음소리에 잠을 깬 산천초목은 눈 비비며 일어나 기지개를 펴기 시작한다. 오늘도 창밖은 희뿌연 안개구름에 덮인 앞산, 뒷산, 먼 산들이 어깨를 맞대고 귀엣말로 도란도란 속삭임이 정겹다.

나날이 짙은 녹색으로 물들어가는 청청한 수목과 잎새들이 토해내는 입김으로 온 산자락마다 구비치는 푸른 물결을 타고 출렁인다. 모내기가 시작될 때면, 예전엔 바삐 움직이던 사람들의 손길은 다 어디로 숨어 버렸을까?

끝없는 들판에 사람의 그림자가 일체 눈에 띄지 않는 농촌의 허허로운 공간이 아쉽게만 느껴진다.

시대를 쫓아 날로 발전하는 문화와 문명의 혜택을 입은 농촌의 일손들이 차츰 기계화로 변모해 가는 현대적인 발돋움은 바람직한 일이긴 하지만 인간적인 냄새가 풍기는 농촌의 순박하고 인정어린 옛 풍습은 찾아볼 수 없음이 서글프다.

그 옛날 우리들의 어린 시절에는 소박하고 정감어린 싸리문 탱자나무 울타리가 가문의 대물림처럼 이어왔다.

이제 그 낭만적인 풍습 농촌 인심은 시대의 뒤안으로 조용히 물러나고 풍년을 노래하며 풋풋한 나눔의 손길이 담 넘어 오고가던 웃음과 넉넉한 사랑의 품앗이는 이제 그림자조차 비치지 않는 오늘날 농촌의 실상이며 조상 대대로 지켜온 옛 관습과 풍속은 영원한 전설 속에 묻혀버렸다.

줄 따라 한 가닥씩 모를 꼽으며 목청 높여 신명나게 주고받던 농요가락은 당시 농민들의 유일한 애창곡이며 심금을 울려주던 한서린 마디마디가 지금도 귀에 쟁쟁한 그때 그 시절은 모심기 때만 볼 수 있었던 한 폭의 그림이었다.

한창 모를 심다가 시장기가 들면 시원한 막걸리 한 사발에 국수나 수제비죽을 새참으로 논두렁 밭두렁에 둘러앉아 시장기를 메우는 그때 그 모습을 다시 볼 수 없어 아쉽다.

중참이 끝나고 나면 다시 힘을 얻어 거머리가 득실거리는 물논에 발을 담그고 구성진 가락을 돌아가면서 한 소절씩 부르다 보면 얼마나 신명나고 힘이 솟는지... 쌓인 피로가 확 풀리곤 했었다. 이제 꿈속에서나 찾아볼 수 있을까?...

황량하고 쓸쓸함만 더 해주는 넓고 고즈넉한 들판에 허수아비만 간헐적으로 두 팔 벌린 채 외롭게 서있을 뿐...

사람 그림자도 띄지 않는 오늘날 농촌의 풍경이다. 하지만 올해도 어김없이 들녘에 익어가는 벼 이삭들과 탐스럽게 영글어 가는 열매.

온갖 과실들이 고운 빛으로 익어가는 자연의 현상은 농촌에서만 느끼고 볼 수 있는 풍요롭고 귀한 결실의 계절이다.

이 모든 것은 하나님의 작품이며 우주 만물을 섭리하시는 뜻 가운데 이처럼 해마다 풍성한 열매와 알곡을 주시는 하나님께 감사드린다. 고운 단풍, 들녘엔 황금물결이 출렁거릴 그날도 멀지 않았다. 지난 세월을 돌아보면 남편 없이 수많은 집을 옮겨 다녀 봤지만 여기만큼 마음에 흡족한 집이 없었음을 밝힌다.

앞으로 남은 나의 황혼의 노을 길에 안주하는 안식처가 되고 이 장막이 내가 사는 날까지 마지막 정착지가 되어 더 이상 이사하는 일이 없었으면 좋겠다. 다만 희망 사항이 아니길 소망하면서 장문의 글 끝을 맺는다.

아~ 이 땅의 금수강산, 아름다운 산천초목이여... 길이 빛나고 영원하라!!!

초등학교 짝꿍을 만나다

"탄생은
행복한 시작의 은율이며
꽃잎의 떨림이며 향기의 원천임이니
네 향기 처음과 같이 언제나 그윽하기를
두 눈 감고 두 손 모아 사랑하는 내 친구의
머리맡에 쉼 없이 기도하리라"

그 옛날 어린 날의 내 짝꿍이었던 친구야! 이 좋은 날 오색단풍이 아름다운 계절에 탄생한 축복받은 너의 생일을 진심으로 축하해.

항상 건강하게 태양빛처럼 맑고 환한 웃음 띤 그 모습 그대로 언제나 행복하길 바란다.

아울러 사업의 비전과 발전 있기를 기도할게.

사랑하는 친구야! 영리한 너의 두뇌 속에 차곡차곡 입력된 보석 같은 기억들을 일깨워서 나를 놀라게 했던 친구야! 소중한 우리들의 어린 날을 까맣게 잊어버리고 살았던 먼-옛날 그날들의 추억을 되 살려서 나를 향수에 젖게 한 나의 친구 나의 벗이여!...

진정 변함없는 너의 우정은 영원히 잊지 못할 것이다. 그 찬란한 무지개를 저 하늘 끝까지 펼치고 싶구나. 고난의 뒤안길을 서성이며 살아온 긴- 날보다 이제 가파른 노을을 이고 황혼 길을 더듬어 가야 하는 인생...

후회 없는 삶의 다짐을 하기에 앞서 이 세상에 사는 동안 좀 더 온전한 신앙의 유산을 후손에게 남기고 떠나야 할 것 같은 조바심이 참으로 화살보다 빠른 세월이 실감나는 요즘이란다.

사랑하는 나의 친구야! 지난 98년 KBS. 1TV '이것이 인생이다' 프로에 출연한 화면을 본 네가 내게 전화를 했었지? "경화야! 너 초등학교 4학년 때 내가 너 짝꿍이었었어, 기억나니?... 너는 언제나 수업에 열중했고 영리한 머리로 공부를 잘 했기 때문에 나는 늘 샘을 하면서도 한편 널 부러워했었어. 특히 너는 음악에 소질이 있어 음악시간을 기다리곤 하던 기억이 난다.

음악 시간에 늘 즐겨 부르던 노래가 있었지? 지금 그 노래 가사와 제목은 기억나지 않지만..."

"그러던 어느 날 갑자기 네 모습이 보이지 않았어."

말을 미처 끝맺지도 못하고 울먹이던 네 목소리가 전파를 타고 내 귀에 들려온 순간 난 얼마나 놀라고 황당했는지 아니?

그 후 나는 어릴 적 기억을 더듬어 그 노래 가사를 기억해냈지! 바로 이 노래 가사야.

> "사랑하는 나의 고향을 한번 떠나 온 후~에 날이 가고 달이 갈 수~록 내 맘속에 사무쳐, 자나 깨나 너의 생~각 잊을 수가 없구나.
>
> 나 언제나 사랑~하는 내고향 다시 갈~ 까. 아~아~내 고~향 그리~워~ 라."

친구야! 우리가 어쩌다 이 나이가 되도록 어디서 무엇을 했기에 이처럼 때 늦은 만남이 되었던가?

오랜 침묵을 깨고 호수 저~편 빙하의 절벽에서 흘러내리는 물처럼 세월의 바퀴에 실려 헤쳐 온 촌음의 두께만큼 이제라도 손에 손잡고 발돋움의 노래를 가슴 펴고 실컷 불러 보자꾸나.

그리고 난 며칠 후 우리는 60여년 만에 어느 조용한 찻집에서 눈물 젖은 얼굴을 마주 했었지?

어언 반세기의 연륜에 떠밀려 고왔던 얼굴에 주름이 잡히고 세월의 덧없음이 포개어졌지만 가슴으로 달구어진 우정의 흔적은 예나 지금이나 변함이 없었다.

고마운 친구야! 만일 네가 지금껏 나를 찾아주지 않았더라면 내 가슴은 얼마나 삭막하고 황량한 들길 나그네 신세가 되어 해 저문 들녘을 홀로 서성이고 있을까! 생각하면 너로 인한 내 작은 호수는 환희의 기쁨으로 잔잔히 파문이 일고 있단다.

그날 네가 내게 쏟아준 조건 없는 너의 사랑은 그 깊이나 넓이를 측량할 수 없을 만큼 내게는 과분한 눈물이며 감동이었어! 난 아직도 그날의 감격과 네 지적인 모습과 아름다운 자태는 정말 멋있는 한 폭의 그림이요 조각으로 빚은 인형이었다는 것을... 내 기억 속에서 그 모습 영원히 잊혀지지 않으리라...

앞으로 더욱 우리들의 소중한 만남이 그림자처럼 지워지지 않는 순수한 우정을 이어가길 다짐하면서 행운의 축배를 들자꾸나, 우리 언제 다시 만날 그날을 위하여 부디 안녕을 빌면서...

그 남자의 삶

정 아무개라는 이름 석 자만 알 뿐, 얼굴도 주소도 모르는 그 남자를 꼭 한번 만나봐야겠다는 조바심이 결국은 내 발에 시동을 걸게 되었다. 어둠이 채 가시지 않은 이른 새벽길을 달려 강남 고속버스 터미널에서 무작정 강원도 태백으로 향하는 버스에 올랐다.

생전 가 본적도 만나 본 일도 없는 낯선 사람에게 사전에 한마디 연락도 없이 불쑥 찾아간다는 것은 모름지기 실례인줄 알면서도 어쩔 수 없었다. 간단한 옷 한 벌, 세면도구만 달랑 챙겨들고 집을 나선 마음이 잔뜩 긴장된 홍분과 떨림으로 몸을 제대로 가눌 수가 없었다.

"아닌 밤중에 홍두깨도 유분수지! 내가 왜?... 무엇 때문에 이래야 하나?" 스스로 반문하면서 반쯤 나간 정신을 붙들기에 급급했지만 버스는 이미 시가지를 벗어나고 있었다. 후회는 이미 늦었고 한 편의 글을 쓰기 위한 수단으로 찾아가는 것뿐이니 태연하게 만나서 대화를 나누다 보면 그것이 곧 글감을 얻어내는 유익이 아닐까. 생각하고 마음을 다잡았다.

오색융단을 펼쳐놓은 듯 곱게 물든 가을 단풍은 깊은 골짝마다 그 아름다움과 눈부심은 장관을 이뤘고 창밖을 스치는 한 폭의 수채화는 경이로움으로 눈길을 사로잡는다. 한나절이 지나서 버스는 목적지에 도착했다.

또 한 번 버스를 갈아타고 도계읍 신포리를 향해 달리는 길목에 이상한 글귀가 눈에 들어왔다.

"미인폭포 높은 터 윗쪽"이란 팻말이 무슨 뜻일까? 궁금했지만 미처 알아볼 겨를도 없이 일단 차에서 내렸다.

사방을 둘러보는 내 시야에 태백산 줄기를 따라 병풍처럼 둘려있는 숲 속에 빛바랜 지붕 하나가 이끼 낀 잡초에 묻힌 채 동구마니 석양빛에 가물가물 졸고 있었다.

겨우 자동차 한 대 지날 수 있는 하얀 포장길을 굽이굽이 돌아서 얼마나 걸었을까... 주변에 떨어진 나뭇잎을 방석삼아 깔고 그 자리에 풀썩 주저앉아 생각하니 내 자신이 바보처럼 느껴졌다. 그래도 애써 여기까지 찾아 왔는데 포기할 수는 없었다. 눈앞을 가로막는 허름한 누옥은 적어도 100년은 됨직한 본채와 판자로 얼기설기 엮어놓은 가건물 두 채가 전부였다.

곧 허물어질 듯한 고옥에 덕지덕지 발라놓은 누렇게 변색한 문풍지 소리는 휘파람을 불러대고 엉성하게 붙어있는 문살 틈 사이로 고양이들은 연신 들락거리고 있었다. 이웃 하나, 사람의 그림자도 볼 수 없는 이토록 적막한 산속에서 어떻게 혼자 살 수 있을까?... 사방을 둘러봐도 쥐 죽은 듯 고요함이 마음을 더욱 슬프게 한다. 한참을 밖에서 서성이다. 대문도 없는 뜰 안으로 불쑥 얼굴을 디밀었다.

태백산 줄기에 기대 사는 총각 할아버지!...

불청객을 처음 반겨준 것은 사람 아닌 말 못하는 산양 두 마리였다. 그 중 한 마리는 골다공증으로 인해 앞다리를 쓰지 못한 채 감나무에 묶여있고 여러 마리 고양이들 중 한 마리는 눈뜬 채로 앞을 보지 못해 서성이고...

집안에 들어선 순간부터 짐승들을 통해 마음 아픈 광경을 보면서 피붙이 한 점 없이 반세기가 넘도록 세상과 단절하고 초야에 묻혀 홀로 사는 이 남자는 도대체 무슨 말 못할 사연이 있는 걸까?

여러 종류, 여러 마리의 동물들을 가족 삼고 수도승처럼 인적 드문 고행 길을 택한 이유가 더욱 궁금했다. 앞뒤 생각할 겨를도 없이 한달음에 달려온 나 자신이 무엇에 홀린 것은 아닐까?...

초개같은 인생의 덧없음을 가슴으로 토해내며 아프도록 찡해오는 내 안의 얽매인 사슬을 풀지 못하고 늘상 마음 한 구석에 도사리고 있는 궁금증!...

숨겨진 그의 비밀한 일들이 내가 왜? 몸살이 나도록 궁금해야 하는지!

나도 내 마음을 가늠할 수 없어 새벽을 더듬어 천릿길을 달려온 스스로를 돌아보면 가증스럽고 어처구니없는 행위라고 자각하면서 솔직히 고백한다.

한마디로 정신 나간 짓이며 웃기는 일이 아닌가?... 스스로 자책하면서...

주인 없는 부엌에 들어가서 바가지에 담긴 감자 몇 알 입에 물고 껑충 튀어나온 양순(산양)이를 발견하고 깜짝 놀라 뒤로 한 발짝 물러서려는 순간. 바로 그때였다.

아무렇게나 헝클어진 긴 머리에 낡고 허름한 윗 옷 하나 걸친 채로 종아리만 겨우 가린 반바지 차림에 맨발이었다. 지난 날 골수염을 앓은 후유증으로 한 쪽 다리를 절며 장승처럼 서 있는 그의 눈빛은 유난히 초롱하고 광채가 났다.

나는 무엇을 훔치다 들킨 사람마냥 당황한 나머지 쥐구멍에라도 찾아들고 싶은데... “여긴 어떻게 오셨습니까?” 목소리가 떨렸다. 네! 선생님을 한번 만나 뵙고 싶어서 이렇게 연락도 없이 불쑥 찾아 왔습니다.

앞장서 안내하는 그와 나는 좁은 툇마루 끝에 나란히 걸터앉은 우리는 한동안 말이 없었다. 산비탈을 개간해서 척박한 땅을 혼자 손으로 일궈낸 기름진 옥토가 6000여 평이나 되는 화전 밭은 그 넓이와 길이가 끝이 보이지 않았다.

감자 옥수수를 심어 주식을 삼고 조석을 대신하면서 점심으로 삶은 감자 몇 알 싸들고 산에 오르면 온 종일 흙과 더불어 일하는 보람 속에서 자신이 살아 있다는 의미를 느낀다는 그 한마디에 나는 멍하니 할 말을 잊은 채 하늘만 쳐다보고 있었다.

피곤한 노구를 이끌고 터벅터벅 산을 내려오면 집안에 반겨줄 피붙이 하나 없어도 떼거리로 몰려드는 마치 동물 농장을 방불케 하는 고양이 강아지 짐승들의 재롱에 하루해가 저물고 한방에서 뒹굴며 먹고 자는 하루하루가 더없이 소중하고 행복하다며 웃는 주름진 그의 얼굴에 생의 고달픔이 역력했다.

일생을 통해 남다른 역경을 딛고 살아온 삶을 적나라하게 펼쳐 낸 그의 자서전 "태백산맥의 하얀 나그네"란 그의 실화소설을 몇 년 전 감명 깊게 읽었던 기억을 더듬어 본 순간이었다.

"단테에게 베아뜨리체"가 있었듯이 "나에게도 잊을 수 없는 첫 사랑을 만나게 되면서부터 우리는 운명적인 헤어짐이 서로가 그리움의 대상을 두고 이처럼 외로운 인생의 뒤안길을 서성이며 홀로 살아왔는지 모릅니다."라고 시작한 한마디로 이어진 사연은 길었다.

"내가 다른 사람들과 좀 다르게 살 수 밖에 없었던 깊은 사연은 있지요! 하지만 그게 별것은 아닙니다."하고 이야기를 시작한 그의 인생 여정은 참으로 길고도 험난한 굴곡의 삶이 눈물겹도록 처절한 지난 세월의 흔적이었다.

어린 시절 그를 낳아 준 어머니와 이혼한 아버지는 이화여전 출신의 교사와 재혼을 하면서 늙으신 할머니 품에서 자랐다. 어렵게 고등학교를 마치고 초등학교 정교사 자격시험에 합격하여 사범학교에서 4

개월간의 단기코스의 교육을 받은 후 고향 초등학교에서 교편생활을 시작했다.

그 학교에 재직하면서 만난 미모의 여선생과는 평생을 함께 하자는 굳은 언약도 없었고 손목 한번 잡아보지 못했지만 서로의 가슴으로 뜨거운 사랑을 나누었다며 눈물짓는 눈가에 가벼운 경련이 일었다.

그 후 6.25 사변이 터지면서 학교는 휴교가 되었고 잠시 다녀오겠다는 말 한마디 남긴 채 일사후퇴의 대열에 끼어 남하했다. 그것은 북에 두고 온 모든 것들과의 이별이요. 안타까움이었다.

아직도 풀지 못한 한이 되어버린 것이다. 거제도 피난민 수용소를 거쳐 방위군에 입대한 무렵 전염성 질병에 걸려 많은 훈련병이 목숨을 잃었으며 그 역시 훈련 도중 발목을 다쳐 앓게 되었다.

아픈 다리 끌면서 마산, 통영, 광주, 여수, 등지의 도립병원과, 구호병원, 상이군경 요양원을 전전하면서 젊은 날을 보내야 했던 생활은 눈물겨웠다. 생계수단으로 온갖 궂은일을 마다하지 않고 밑바닥 인생을 살다보니 어느덧 육신은 날로 풍화되어 쇠퇴하고 나이는 어언 쉰살이 훌쩍 넘고 있었다.

혈혈단신 강원도 태백산맥 줄기, 죽암산에 터를 잡고 살기로 한 그때... 누군가의 권유로 처음에는 약초재배와 양봉을 시작했다고 한다. 하지만 조건이 불리한 기후 관계로 실패를 거듭하면서 새로운 계획을 다짐하게 됐다.

척박한 이 땅을 개간해서 옥토로 일구어 보자는 뜻을 실천하기 위해 시작한 고된 삶은 끝이 없었고 힘겨운 일상 속에서도 밤 자정이 되자. 내게 몇 마디 양해를 구하더니 조심스럽게 염주를 들고 벽면에 마련된 제단을 향해 두 손을 모은다.

무속신앙에 심취해 있었다는 새로운 사실을 알게 된 나는 앉은 자리가 몹시 어색하고 불편했지만 끝까지 지켜볼 수밖에 없었다. 주문을 백팔 번 외우더니 한참동안 소리 없이 드리는 공양과 염불로 하루를 마감하는 전례가 그가 지금껏 지켜 온 일상의 의식이며 유일한 낙이라 했다.

하지만 그러한 의식이 무속이라 하기에 앞서 오랜 세월에 묻어 온 생활 습관이랄까?... 그 자체인 것 같다. 제단에 청수를 떠 놓고 섬기는 대상은 주변 산을 지키는 산신과 어린 시절 자신을 키워 준 할머니 그리고 생사를 알 수 없는 첫 사랑 여선생이라 했다.

지나온 인생을 통해 가장 소중히 여겼던 북에 두고 온 사람들을 기억하며 날마다 그 속에서 삶의 용기와 힘을 얻는 것으로 그에게는 더없는 위안의 대상인지도 모른다. 애초에 제단을 마련하고 의식을 차리게 된 것은 무당의 몸을 빌어 찾아 온 여선생의 고백을 듣고 나서부터였단다.

월남한 첫 사랑 애인을 찾아 그 여선생은 대담하게 혼자서 삼팔선을 넘어오다 산속에서 북한군이 쏜 총에 맞아 목숨을 잃은 처녀 귀신이 이승을 떠나지 못하고 구천을 맴도는 혼백이 무당에게 씌워서 한을 풀어달라는 부탁이라 했다.

죽은 자의 소원을 액면 그대로 받아드려야 할지에 대한 갈등과 자신과의 영적 싸움은 치열했지만 결국은 무당의 끈질긴 권유를 뿌리치지 못하고 굿을 하는데 동의했다고 한다.

이러한 사실이 실제로 있었던 일이라고 믿기 보다는 장벽이 가로막혀 소식도 알 수 없는 현실 앞에 그대로 넘겨 버리기엔 가슴 아픔보다 사상의 이념이 더 원망스럽고 한스럽다며 긴 한숨을 토해냈다.

모든 의식이 끝나고 밤늦은 시간에 비어있는 옆방으로 나를 안내하면서 오랫동안 냉골에 앉혀 드려서 미안하다고 머리 숙이며 전기요를 내밀었다.

"편히 주무시오"란 말 한마디 남기고 나간 뒤 얼른 여닫이문을 닫고 동그란 쇠고리가 달린 문고리에 숟가락을 거꾸로 끼우고 긴 한숨을 내쉬었다. 얼마나 긴장되고 두렵고 마음 졸였던지, 자리에 눕자마자 곧 깊은 잠에 빠져 꿈속을 헤매었다.

평생을 두고 살아 있기를 믿을 수밖에 없는 그리움으로 남아 태백산 등줄기 하나에 묻혀 등 비빌 살점 하나 없이 이제라도 인생의 마디마디에 사랑의 불꽃을 태우며 살고 싶다는 그 남자!...

일흔을 넘긴 노안에 가슴 아린 연민과 슬픔이 교차한다. 그 집 뜰에 서서 사면을 둘러보면 보이는 것은 높고 낮은 산들을 품고 있는 하늘 아래 아름다운 단풍으로 곱게 물든 산하, 하늘을 찌를 듯 푸른 老松이 조화롭다.

반세기가 지난 세월을 그리움과 잊을 수 없는 연인의 사랑을 갈구하면서 살아온 뒤안길이 얼마나 외로운 삶이었을까?!!!... 생각하면 남의 일 같지 않아 가슴이 답답해 온다.

"사람이 살아있다"는 감동만큼은 그 무엇도 뛰어 넘지 못할 것인데, 세상살이의 기쁨과 슬픔을 누군가와 더불어 함께 나눌 수 있다는 감동은 벅찬 행복이며 위안이요, 최상의 축복이 아니겠는가?

"나는 살아 있구나" 하는 환희의 기쁨을 느끼게 해 준 하나님의 은혜와 깊은 사랑이 한없이 고맙고 감사하며 영원한 행복의 조건이 아닐 수 없다. 하지만 우리의 자아상이 이렇듯 평범한데 여기 검정 고무신의 주인공은 남은 인생을 홀로 감당할 수밖에 없는 삶을 위해 그의 젖은 눈빛은 사슴처럼 목마른 그리움으로 불타고 있다.

손끝에 닿을 듯한 지척에 둔 북녘 하늘아래 어쩌면 살아 숨 쉬고 있을 첫 사랑의 실체를 찾아 그 영혼은 드넓은 우주공간을 배회하고 있을 형체 없는 넋이 불쌍하고 가련했다.

그 후 얼마가 지난 어느 날, MBC 방송 임성훈 사회자가 진행하는 프로그램에 출연한 그를 TV방송에서 보는 순간, 내 눈시울이 젖어왔다. 여전히 꾸밈없는 전에 본 그 얼굴, 그 모습, 그대로, 허름한 바지에 낡고 빛바랜 점퍼 차림을 한 맨발에 검정 고무신을 신은 채로!!!...

텃밭

이른 아침 베란다 문을 활짝 열고 숨 한번 크게 들이 쉬면 신선한 공기가 온 몸을 감싸 안으며 상쾌감을 더해준다.

이름 모를 새들의 지저귐 속에 차츰 여명은 밝아오고 새로운 움직임이 활기를 띠며 꿈틀거린다. 안개구름에 덮인 나직한 산골짝마다 나무숲들이 선잠을 깬 듯 하품을 하며 도란도란 속삭임이 정겨운 아침풍경이다.

유리덧문 방충망까지 열어 제치고 습관처럼 고개를 쑥 내밀면 13층 아래 옹기종기 모여 있는 텃밭으로 내 눈은 어김없이 아침산책을 나선다. 거기엔 푸른 채소들이 갖가지 모양으로 적당히 내리는 비와 바람과 공기의 혜택을 입고 날마다 키 재기하듯 쑥쑥 잘도 자란다.

가을에 풍성한 결실을 맺기 위한 자연의 현상, 눈앞에 펼쳐진 녹색 화원이 너무나 경이롭고 아름답고 풍성하다.

바둑판처럼 질서 정연하게 일구어 놓은 밭고랑마다 모양도 다양하게 고추, 마늘, 감자, 고구마, 토마토, 오이, 상추, 부추, 옥수수, 실파, 쪽파, 대파 등 입맛대로 심어져 있다.

밤사이 촉촉이 내린 이슬을 머금고 온갖 푸른 잎들의 향연이 개구리 합창 소리에 장단 맞춰 요염한 몸짓으로 춤을 춘다.

호박넝쿨은 탐스럽게 줄기가 뻗어 알알이 실한 열매를 달고 아침

이면 노란 호박꽃이 일제히 입을 크게 벌려 함박웃음 웃다가 한낮이 되면 입을 꼭 닫아버리는 일체감 속에 인간이 헤아리지 못하는 그 무슨 깊은 사연이나 의미가 있어서일까?

별들이 쏟아져 내리는 밤이면 침묵으로 일관하는 소리 없는 자연 속에서 저들도 쉼 없이 생명은 자라고 있으리라.

환경을 오염시키고 자연을 훼손하고 더럽히는 인간을 위해 인체에 피를 맑게 해주고 엔돌핀을 생성케 하는 채소를 공급하여 영양가를 높이고 피부를 곱게 해주는 푸성귀나 채소가 없다면 우리는 단 하루도 생명을 이어갈 수 없으리라.

올해는 이미 때가 늦어 땅 한 평 얻지 못했지만 돌아오는 새봄에는 한 귀퉁이 한 뼘의 땅에라도 심고 거두는 방법을 배워서 기쁨의 체험을 가져볼까 하는데... 생각해보니 유감스럽게도 내게는 씨를 뿌리고 가꾸면서 호미 들고 밭을 매고 흙을 만지며 일상의 소일거리를 얻을 수 있는 행복은 애당초 하나님께로부터 허락받지 못했다.

무더운 여름날 밀짚모자 눌러쓰고 햇볕에 그을세라 수건으로 얼굴 가리고 목장갑 낀 채 호미 들고 밭고랑에 앉아 김매는 촌부를 보면서 한 폭의 그림처럼 눈앞에 어른거리는 모습이 그토록 정겹고 부러울 수가 없다. 나는 일평생 양반 다리를 하거나 바닥에 편안한 자세로 아무데서나 덥석 앉질 못한다.

남다른 불편함 때문에 내겐 언제나 비장애인이 부러운 대상이며 늘상 그늘 속에 서성이는 아픔이다. 정성 드려 가꾸고 키운 공해 없는 채소를 수확해서 가족들이 둘러앉은 밥상에서 오순도순 정담을 나누며 즐기는 풍요로움... 가슴 뿌듯한 행복은 아마도 하나님이 내려주신 최상의 축복이며 은혜이리라.

공기 맑고 사방 바라볼 수 있는 시야가 끝이 없어 마음의 빗장을 끌러 가슴 가득 품을 수 있는 여유로움이 있어 감사하다.

그 옛날 우리들이 자라던 시절 싸리문 울타리가 정겹기만 했던 농촌의 소박한 풍경은 이제 차츰 세월의 뒤안길로 모습을 감춘 지 오래고 비록 가난하고 생활이 궁핍했어도 오염되지 않는 환경 속에서 물을 끓여 먹지 않아도 배앓이를 하지 않았다.

아름다운 자연과 더불어 해맑은 눈빛으로 사물을 감상하며 문학의 꿈을 키우고 티 없이 자라던 시절이 마냥 즐겁기만 했던 소중한 추억들이다. 굶주림을 밥 먹듯 하면서 내 것 네 것을 가리지 않았던 그때 그 시절... 이웃 사랑을 내 몸과 같이 아끼며 실천했던 풍습은 지혜로운 선조들의 대물림이요, 문화유산이었다.

봄이 오면 뒷동산 기슭이나 논두렁 밭두렁을 찾아다니며 쑥을 뜯어 밀가루에 버무려 떡을 쪄서 주린 배를 채우기도 했다.

김장철이 되면 밭에 버려진 무, 배추 시래기나 누렇게 마른 콩잎을 훑어서 푹 삶아 된장이나 고추장에 묻혀 꽁보리밥 한 주발 쏟아 붓고 바가지에 슥슥 비벼 먹다보면 어느새 바닥이 드러나곤 했다.

서로 한술이라도 더 먹기 위한 형제끼리 치열한 싸움은 치고 박고 하다보면 밥그릇은 공중을 나는 촌극을 빗기도 하면서 그렇게 힘겨운 보릿고개를 넘겼던 그때 그 시절이 새삼 해일처럼 그리움으로 밀려온다. 그렇게 세월의 덧없음이 가파른 노을을 이고 저문 황혼 길을 달려 어언 반세기를 훌쩍 넘겼다.

인스탄트 식품이나 화학조미료가 없었던 그때는 지금처럼 몸이 비대해서 살을 빼려는 고생도 하지 않았다.

어쩔 수 없이 변천하는 시대의 흐름 따라 화학비료나 농약으로 키운 채소보다 무공해 속에서 자란 자연식품을 선호하는 이 시대가 앞으로 얼마나 더 오래갈 수 있을까?

풍요를 노래하며 순수한 인정이 넘나들던 서정 깃든 낭만은 언젠가부터 눈에서 마음에서 멀어져 가고 아쉬운 여운만이 세월의 언저리를 맴돌게 한다.

주님과 함께한 기쁨의 축제

갈멜산 엘리야의 기도를 응답 해 주신 하나님! 3년 6개월 동안의 가뭄으로 인한 메마른 대지위에 손바닥만 한 구름을 통해서 비를 내리게 하신 창조주 하나님의 기적을 믿고 우리도 그렇게 기도할 수밖에 없었다.

여의도 순복음교회에 소속된 장애인 선교회 성도들이 3박 4일간의 하기수련회를 앞두고 돌풍을 동반한 비구름이 몰려오는 찰라, 우리 모두 절박한 마음으로 드린 기도 응답이 비와 세찬 바람까지도 멈추게 하셨다.

맑고 싱그러운 대자연의 품으로 인도하셔서 계곡에 흐르는 물결이 소용돌이치는 바위틈이나 나무 그늘에서 마음껏 뛰며 즐길 수 있는 아름다운 동산을 허락해 주셔서 즐거운 한때, 닫힌 믿음의 문을 활짝 열고 부르짖을 수 있는 계기를 맞았다.

바람소리, 물소리, 새소리 함께 아우른 기도와 환희의 찬미소리가 밤하늘에 메아리 되어 깊이 잠든 영혼의 귓전을 흔들었다. 참회와 회개의 촛불을 밝혀들고 가슴 깊음 속에서 터져 나오는 감사, 벅찬 감격의 눈물을 흘리며 은혜의 물결이 출렁이는 노아의 방주를 타고 유유히 밤바다를 항해하는 기분이었다.

아픈 다리, 저는 다리 정신적·육체적 갖가지 장애를 뛰어넘어 서로 서로가 불쌍히 여기며 손에 손잡고 찬양의 멜로디에 발맞추어 기뻐하고 노래하며 춤도 췄다.

별이 빛나는 밤하늘엔 오색찬란한 불꽃 향연이 펼쳐지고 땅에서는 기뻐하는 사람들의 사랑과 친교와 화합으로 어우러진 축제의 한마당으로 눈물겨웠다.

"오! 하나님! 분명 이 자리에 함께 계신 성부, 성자, 성령이여!" 우리는 언제나 산상의 빛이 영롱한 어딘가에 우뚝 솟은 주님의 십자가를 우러르며 핏빛으로 물든 죄를 씻음 받기 원합니다. 목이 갈한 심령 속에 주님의 보혈이 생수 되길 갈망합니다.

하지만 우리의 원죄와 자범죄로 말미암아 영의 눈이 어두워서 황량한 광야 길을 헤매다가 끝내 마주칠 수 없었던 주님을 간신히 찾고 찾아 만나게 됨을 기뻐합니다.

주님께선 이미 만세전부터 우리를 예정하시고 선택하셔서 죄악의 사슬을 끊어주시고 당신의 피묻은 가슴으로 포근히 감싸 안아 주셨음을 깨달았습니다.

오늘 이 밤에 은혜와 감격의 순간순간을 어찌 잊을 수가 있겠습니까? 임자 없는 들꽃처럼 한 송이 꽃으로 피어나 사랑의 향기를 전하면서 가파른 노을 길, 황혼 길을 주님위해 살기 원합니다. 오! 샤론의 꽃이여! 시온의 빛이여!...

영원무궁토록 존귀와 영광을 받으소서... 샬롬!

- 2000년 8월 25일

생명수 흐르는 강가에서

가을 나무에서 하나 둘 떨어져 쌓이는 가로수 밑은 마치 융단을 펼쳐놓은 듯 사색과 낭만의 숨결이 일렁인다.

매년마다 깊은 상념에 젖게 하는 가을 시즌을 맞을 때마다 느끼는 감회나 감성이 다른 것은 왜일까?...

이제껏 살아온 뒤안길을 배회하며 주워 모은 삶의 조각들을 길바닥에 나뒹구는 가랑잎에 비유해 보면서...

10여 년 전으로 거슬러 그때만 해도 활기찬 움직임으로 열과 성을 다해 쉴 새 없이 발걸음을 재촉하며 혹여 남들보다 뒤처질세라 조바심하던 그때 그 시절을 추억 해본다.

불같은 성령의 뜨거움을 체험했던 믿음의 첫 사랑은 영영 회복할 수는 없을까? 이 모두가 나이테만 쌓아 온 결과이리라. 이제 어쩔 수 없는 세월의 무게에 눌려 얼마 남지 않은 날들은 서서히 사위어가는 모닥불처럼 바람 앞에 촛불인양, 가파른 노을을 이고 황혼 길을 서성이는 초로인생...

창조주 하나님 외는 그 어떤 조물주도 어떤 힘으로도 막을 수 없는 엄연한 현실이며 섭리인 것을...

한낱 생명은 있으되 사고도 지혜도 없는 자연의 일부분인 나뭇잎들은 바람 따라 마음 가는 대로 어디론가 정함 없이 떠돌며 뒹굴다가 가을이 가기 전 겨울의 문턱에 누운 채로 겨울채비를 하기 위한 가랑잎들은 머리 맞대고 옹기종기 모여서 회의를 한다.

바싹 마른 자신들의 몸을 태우고 한 줌 흙으로 변신하는 모습은 가련하지만 얼마나 보람 있게 생을 마치는 아름다운 마무리인가? 거름이나 흙이 되어 헐벗은 나목으로 의연하게 버티면서 두 팔 벌린 채로 북풍한설을 견뎌내는 나목들에게 시린 발목을 덮어주고 마지막 남은 영양분을 모두 주고 떠나면서...

다시 돌아올 봄날을 기약하며 바람처럼 사라지는 뒷모습이 오래도록 감성에 젖은 눈시울이 뜨겁다.

이 세상 만물을 주관하시고 섭리하시는 창조주께서 지으신 자연의 섭리와 이치, 그리고 순리는 참으로 신기하고 놀랍고 보기에 조화롭다.

지난 주일 오후 찬양예배를 통하여 담임목사님께서 달란트에 대한 비유를 들어 선포하신 말씀에 마음을 가다듬고 열심히 귀 기울여 듣는 순간 여지껏 느끼지 못했던 그 무엇이 마음 중심에 꽉 박히듯 소리 없는 울림과 깨달음이 한순간 전율처럼 다가오는 느낌을 받았다.

항상 제자리에 머뭇거리고 주저하고 망설여 왔던 글쓰기에 대한 회의와 염증으로 앞길이 보이지 않는 어둠속에서 한 가닥 빛을 찾게 된 자신을 발견하는 순간 값없이 팽개쳐버렸던 한순간의 어리석음을 철저히 후회와 반성하는 계기가 되었다.

크든 작든 有名작가이던 無名작가이던 상관없이 하나님께서 내게 주신 貴한 달란트를 잘 활용하지 않고 땅속 깊이 묻어 두었던 자신의 소홀함을 깨달으며 펑펑 쏟아지는 눈물을 주체할 수 없었다.

무엇보다 주신 달란트에 대한 은혜를 마음깊이 감사하며 고백하는 귀중한 시간이었다.

그동안 30여년에 걸쳐 3번의 자서전을 펴냈지만 별 성과를 거두지 못한 채로 사장되면서 깊은 회의와 절망가운데 외면하고 방심하느라 귀중한 달란트를 값없이 취급하게 된 동기였다고 하면 궁색한 변명에 지나지 않겠지만...

남들처럼 전문적인 문학의 지식을 습득하지 못했으며 제대로 배우지 못한 무능함에 대한 위축감에 눌려 날개를 접은 채로 머물고만 있었던 자신을 돌아본 순간 분수를 깨닫지 못하는 내게 귀한 말씀을 통하여 다시 한번 뉘우침과 깨달음을 그리고 새로운 도전의식을 불어넣어 주셨다.

이제부터라도 하나님과의 인격적인 만남의 깊은 관계 속에서 지혜와 명찰을 간구하면서 생의 마지막 산문집 한 권을 펴냈으면 하는 소망은 늘 마음 한켠에 자리 잡고 있다.

언젠가 실현될 완성을 위한 목표가 헛되지 않도록 기도하면서...

- 2010년 11월 6일

봄이 오는 소리

한줄기 바람결에 실려 다가올 봄은 어디쯤, 와 있을까요?

한낮의 따사로운 햇살이 가슴을 열고 화사한 봄의 향연을 부추깁니다.

아침저녁 피부에 와 닿는 맑은 공기가 신선하고 숨죽여 겨울을 서성이던 봄기운이 눈앞에서 새싹을 틔울 채비를 하고 있는데 아직도 먼-산에는 안개구름에 덮인 아지랑이는 저 산 너머 어느 산자락에 숨어 있는지?

우수가 지나고 경칩을 며칠 남겨놓은 시점에서 겨울속의 봄이듯.

기다림은 그리 오래이지 않을 것 같으면서도 철없이 기다려집니다.

긴 꼬리를 늘어뜨린 채 훌쩍 떠나기엔 아직도 미련이 남은 걸까요?

화사한 봄옷으로 곱게 단장하고 사뿐히 우리 곁에 내려앉을 봄의 전령사...

자연의 순리에 따라 소생하는 생명의 찬가, 꽃들의 향연을 부추기는, 새싹들이 피어나는 아름다운 합창소리 들으며 대지에 입 맞추고!!!...

희뿌옇게 덮인 안개속의 산들도 어깨를 나란히 도란도란 비밀한 속삭임.

곧 손에 잡힐 듯 가까이 와서 서성이는 봄 시즌의 진미를! 사랑하는 문우님. 우리 모두 다 함께 맛보지 않으시렵니까?...

대자연의 맑은 공기를 맘껏 호흡하며 들숨 날숨 크게 마시고 움츠린 가슴.

활짝 펴시고 맑게 개인 하늘을 우러러 크게 한번 웃어 봄이 어떨까요?.^*^~ㅎ,ㅎ.

마음에 쌓인 우울과 스트레스가 확 풀려서 기분이 한결 밝아지게 될 것입니다.

"나의 사랑하는 자가 내게 말하여 이르기를 나의 사랑 나의 어여쁜 자야 일어나서 함께 가자.

겨울도 지나고 비도 그쳤고 지면에는 꽃이 피고 새의 노래할 때가 이르렀는데 반구(班鳩)(비둘기 떼)의 소리가 우리 땅에 들리는구나."

가을 편지

제 아무리 기승을 부리고 혹독했던 폭염 무더위도 계절의 절기 앞에선 어쩔 수 없나 보다. 이제 8월도 지나고 9월도 어언 하순에 접어들고 어김없이 찾아온 가을은 곁에 가까이 다가와 있다.

아침저녁 피부에 와 닿는 신선한 공기가 상쾌감을 더해주고 생활의 활력소를 불어 넣어줄 이 계절을 맘껏 즐기며 독서의 시야를 넓혀 꼭꼭 닫혀 있는 마음의 문을 열어야겠다.

역시 가을은 사색과 낭만의 계절이기에 이토록 가슴이 떨리며 설레이는 걸까?... 고요한 수풀 속에 각종 새들의 지저귐을 공유하는 내 본연의 자세로 돌아가기 위해 모처럼 한가로운 시간을 잡아 내면 속 깊숙이 감추인 삶의 조각들을 세상 밖으로 펼쳐 보이고 싶은 마음...

한마디로 주책없는 행위로 보이진 않을까? 싶기도 하면서...

왜?... 나는 요즘 들어 이토록 육체적인 삶이 고달프고 힘이 들어야 하는지? 날이면 날마다 체력이 감소되고 의욕이 상실돼 가는 연약함 속에 몸을 제대로 가눌 수 없는 내 모습이 언제나 절망스럽고 위태롭다. 성령과 믿음이 떨어지고 육체의 모든 기관의 기능이 고갈된 상태에서 좀처럼 헤어나기 어려운 것은 아마도 마음은 원이로되 육신이 연약한 탓일까? 몸의 지병이 나날이 짙어감인가?

나의 모든 것을 감찰하시는 하나님! 마음 같아선 교회생활, 실천하는 믿음. 더 열심을 다해 하고 싶은 마음, 한결같은데 몸이 마음대로 따라주지 않으니 때로는 속상하고 실망스럽다.

저녁 잠자리에 들면서 내일 새벽 예배는 꼭 가야지 굳게 다짐하건만 새벽 4시면 어김없이 잠을 깨는 습관은 여전한데, 실천이 안돼서 나 자신과의 약속은 번번이 지키지 못하는 육신의 나약함과 게으름이 문제다.

이른 새벽 미명에 주님께선 당신이 죽음이 가까이 오고 있음을 예감하시고 홀로 겟세마네 동산에 오르사 땀방울이 핏방울이 되도록 기도하신 주님!... 그 얼마나 처절한 기도를 하셨기에. 땀방울이 핏방울로 변했을까? 갈보리 산위에 세워진 십자가에 달리시기 위해 골고다 언덕을 오르시는 주님의 형상과 모습...

쇠갈고리가 달린 채찍으로 서른 아홉대의 살점을 뜯어내는 아픔을 견디시며 쓰러지고 넘어지며 십자가를 지신 주님! 머리에 쓰신 가시관으로 흘러내린 얼굴과 온몸을 피로 적신 주님의 고난! 얼마나 고통스럽고 아프셨습니까? 십자가에 높이 달리신 주님께서 양손 양발에 대못이 박히신지 여섯 시간 만에 "다 이루었다" "아버지여 내 영혼을 아버지 손에 부탁하니이다." 피 울음의 말 한마디 남기시고 영혼이 떠나가신... 순간 하늘도 땅도 천지가 진동했다.육신의 몸을 입으시고 이 땅에 오셔서 인류의 죗값을 치르시기 위해 친히 십자가에 달려 죽으신 주님이시여!

사흘 만에 무덤에서 다시 부활의 영광을 안으시고 살아나신 40일 만에 하늘로 승천하신 주님께서는 하나님 우편에 앉으사 대신 성령님을 우리 가운데 보내주신 하나님의 외아들이신 예수그리스도를 찬양하며 영원히 믿고 의지합니다. 자신을 돌아보면 그래도 이 나이 되도록 살아 있음에 감사하고 이나마도 움직일 수 있음에 감사하면서 불만 없이 살아야 하는 것을...

따져보면 감사해야 할 조건들은 무한정인데 어찌하여 자신의 분수를 깨닫지 못하고 절망가운데 살았을까...

[追 以]

이글은 오늘 새벽 3시 10분에 깨어나서 문득 주님께서 공생애 동안 고난의 십자가를 지신 모습을 묵상하며 문득 떠올린 두서없는 글을 통해 나의 고만과 아집과 육체적 고통과 질병에 대해 염려했던 어리석은 자신을 돌아보며 쓴 내용이다.

어느 가을날의 추억

꽤 넓은 정원 둘레로 빽빽이 들어 찬 나무숲은 가벼운 바람에도 현란한 몸짓으로 수런댄다. 갖가지 화초와 과실나무들로 조화를 이룬 풀빛 싱그러움 속에서 한낮의 가을 햇살은 따갑고 눈부시다. 시원한 나무 그늘을 찾아 흔들의자에 몸을 묻은 채 한가롭게 독서를 즐긴다는 것은 이보다 더한 행복이 또 있을까!...

내게는 너무 과분한 축복이며 잊을 수 없는 설레임이다. 매일처럼 성경을 읽고 각종 책을 통해 읽다보면 새로운 세계가 눈앞에 펼쳐진다. 하나님의 말씀을 많이 읽고 먹으면 영혼이 살찌고 기도를 쉬지 않으면 심령이 맑아지고 영의 귀와 눈이 열려서 미지의 사물까지도 훤히 보이는 듯하다.

가을은 독서의 계절이란 말도 이젠 옛말이 돼 버렸지만, 시대의 조류에 따라 어쩔 수없이 휩쓸려 살아갈 수밖에 없는 유한의 삶이란! 인생은 짧고 예술은 길다. 어차피 인간은 나약한 존재의 상징임으로...

[追 以]

몇 년 전 여름에 두 달 동안 유럽에 머물면서 써둔 일기중의 한 부분입니다.

무에서 유를 창조하신 하나님

2008년 새해를 맞아 신년 벽두에 우리 교회서는 한 주일동안 신년 축복새벽기도회를 시작했다.

내가 교회에 다닌 지 만 3년이 지난 지금까지 단 한 번도 새벽기도회에 참석해본 적이 없었다.

그런데 새해 첫 주일 예배를 마치고 나오면서 뽑아들은 성경말씀 카드에는 내게 너무나 놀랍고 귀한 말씀을 주셨기에 순간 깨우침과 일깨움이 뇌리를 스쳤다. 뭔가 크고 비밀한 일들이 숨겨져 있다는 사실을 하나님께선 미련한 나에게 깨우침을 주시면서 정신을 차리게 하셨다.

"나의 가는 길을 오직 그가 아시나니 그가 나를 단련하신 후에는 내가 정금같이 나오리라" (욥기 23:10)

나는 한동안 이 말씀을 붙잡고 깊이 묵상하며 생각했다. 지난(2007년) 한 해 동안 겪었던 일들을 돌아보면 참으로 상상할 수 없을 만큼 흔하지 않는 육신의 질병으로 인한 고통과 아픔, 그리고 한 가닥 소망하고 추구했던 모든 계획들이 산산이 부서진 절망 앞에 주저앉을 수밖에 없었던 상황 속에서 일어나야 했다.

언젠가부터 시작된 알 수 없는 병을 앓으며 확실한 병명을 알기 위하여 울산에서 서울로, 대구로, 수차례 왕래하면서 길바닥에 깔고 다닌 돈. 종합병원 및 대학병원을 찾아다니며 뿌린 병원비 경비만도 계산할 수 없을 정도로. 결국 정확한 병명은 알게 됐지만 회복이 어려운 파킨슨병이라니… 이 무슨 마른하늘에 날벼락인가…

믿기지 않는 상황 속에서 갈 바를 알지 못한 채 갑자기 맑은 하늘에 먹구름이 덮쳐오는 절망감에 앞이 보이지 않았다.

하나님께서는 사랑하는 자에게 잠을 주신다는 말씀은 들었어도 아끼고 사랑하는 자녀에게 병을 주신다는 이야기는 아직 들어보지 못했다.

하지만 분명 이것은 마귀가 주는 시험이 아니라 하나님께서 사랑의 매를 드시고 시험해 보시기 위한 연단을 통해 영광 받으시기 위한 채찍이라 단정할 수밖에 없었다. 거기에 따른 여러 가지 뇌신경 계통의 질병들이 꼬리를 물고 이어지니 하루하루 사는 것이 감사할 뿐이다. 혹여라도 남들이 알세라 겉으로는 아무렇지도 않은 듯 태연함을 가장하고 속으로는 남몰래 흘리는 눈물을 삼키면서 비감어린 인생을 살아야 하는 피할 수 없는 현재의 생활이다.

나는 할 수 없다. 못한다. 안 된다는 부정적인 요소들을 말끔히 떨쳐버린 채, 끝까지 병마와 싸워서 승리할 것이다. 심연의 깊음 속으로 빠져드는 자신의 초라한 모습은 걷어치우고 수요예배 심야기도 새벽기도회는 감히 생각도 못하고 지냈지만 이제부터 새로운 각오와 다짐으로 마음 추슬러 정열의 불꽃을 태워야겠다. 독한 약물 후유증에 시달리는 육체적 괴로움 있을지라도…

하지만 교회서 듣는 목사님의 선포하시는 말씀은 큰 희망과 용기를 부어주셨다. "생활의 변화를 가지고 자신을 개혁하고 부흥을 일으켜 이미 지난 과거에 얽매이지 말고 다가올 미래에 대해서도 염려하지 말고 오직 현재를 직시하며 과감히 떨치고 일어서야 한다."는 목사님의 살아서 운동력 있는 권면과 생명이 꿈틀거리는 말씀이 비수가 되어 내 가슴에 꽂혔다.

순간 마음속에 뭉쳐있던 응어리가 풀리면서 뭔가 새로운 각오와 다짐을 하지 않으면 평생 마음의 그늘을 드리우고 살 것 같은 느낌이 들었다. 12년 동안 혈류병을 앓으며 고침을 받지 못한 여인처럼 주님의 옷자락을 부여잡고 매달렸듯이 나도 목숨 걸고 아직은 현대의학으로 치유될 수 없는 난치병을 하나님의 능력으로 고쳐 달라고 죽도록 매달려 보자는 다짐을 하게 됐다.

"할 수 있거든이 무슨 말이냐 믿는 자에게는 능치 못할 일이 없느니라" (마가복음 9:23) 말씀처럼 나도 할 수 있다. 하면 된다. 해 보자는 결심을 굳히고 나서 영적으로나 육체적인 싸움에서 얼마나 견디며 참아낼 수 있을까? 하고 나 자신을 시험해 보기 위한 수단으로. 새벽기도에 동참하기로 결심했다.

시작이 반이라 했던가! 이렇게 하면 되는 것을... 시작해 보지도 않고 미리 포기해 버리는 것은 얼마나 어리석은 행위이며 이 다음에 돌이킬 수 없는 상처와 후회를 남기는 결과가 될까, 두렵기도 했다.

그동안 마음속 깊이 묻어둔 채로 나를 아는 모든 사람들에게 오늘에야 비로소 입을 열어 숨겨왔던 창피하고 부끄러운 내면을 드러낸 나의 솔직한 고백이다. 세상만사가 다 내 힘으로 되는 것은 아니다.

오직 살아계신 하나님께서 보내주신 보혜사 성령님이 내 마음을 주장하셔서 이와 같이 승리할 수 있도록 붙들어 주시고 도와주심을 또 한 번 체험하면서 깊은 감사와 영광을 돌려 드린다. 몸은 다소 힘들고 피곤했지만 마음과 기분은 마치 하늘을 날듯이 기쁘고 깃털처럼 가벼운 일상으로 돌아와 매사에 감사하는 조건으로 살아간다. 올 한 해는 비전과 꿈을 펼쳐갈 수 있는 은혜 안에서 병도 고침 받고 만사가 형통케 되는 축복을 누리며 "순종이 제사보다 낫다"는 말씀 붙잡고 살 것이다.

"믿음은 바라는 것들의 실상이요, 보지 못하는 것들의 증거니" (히브리서 11:1)

혼자가 아닌 여럿이 함께 기도할 때

지난 주일 담임목사님께서 선포하신 주옥같은 말씀의 은혜 속에 나날이 그 열기가 더해가며 또한 성령의 은사도 뜨겁습니다. 시냇가에 심긴 나무가 시절을 좇아 과실을 맺듯이 날마다 주를 갈급하는 심령들은 요즘 물댄 동산같이 만면에 웃음꽃이 피어나고 생기가 넘치고 있습니다. 얼마나 눈물겹고 감사하며 행복한지요.

전 지난 한 주간 동안 특별 새벽 기도회에 동참하지 못한 것을 못내 아쉬워하고 마음아파 하면서 우리 교회 지하성전에서 기도하는 새벽 5시, 그때를 맞춰서 나름대로 동참 의식을 가지고 열심히 새벽을 깨웠습니다.

때로는 깜박 늦잠이 드는 바람에 빗나갈 때도 간혹 있었지만 어쩌다 담임목사님의 설교 말씀은 듣지 못해도 인터넷에 들어가서 가정예배란 문서를 통해 매일 말씀 읽고 기도하며 찬송하고 은혜를 사모했습니다.

하지만 여럿이 함께 하는 지하성전에서 부르짖는 만큼 혼자서 하는 짧은 기도에 어찌 뜨거운 성령의 불이 임하겠습니까? 나의 메마른 심령은 늘 갈급하고 변화와 거듭남을 갈망했습니다.

한 주간 동안 오순절 마가 다락방에서 처럼 120문도가 모여 불의 혀같이 갈라지는 성령의 역사와 체험과 기도의 불길 속에 동화되지는 못했으며 성령역시 뜨겁게 임하지 아니 하였음을 솔직히 고백합니다.

혼자서 기도하기보다 여러 사람이 함께 모인 가운데 하나가 되어 기도하면 성령의 역사가 더 한층 뜨겁고 함께 기도하는 힘 또한 크다고 믿습니다.

저는 그 열기에 휩쓸려 마음껏 부르짖고 기도할 수 있는 그 자리가 얼마나 부럽고 그리웠는지요. 항상 그렇듯 마음대로 움직임이 자유롭지 못한 것이 유감스럽고 안타까운 일이지만 그래도 하나님께선 한결같이 사랑해 주시고 혜하려 주시며 불쌍히 여겨 주시니 더욱 감사할 뿐입니다.

"기도는 신자에게 있어 영혼의 호흡"이며 칼라일은 "기도는 성도의 사이렌"이라고 했으며 스펄전은 "기도는 성도들의 황금 종소리"라고 했습니다.

오히려 새벽 미명에 곤히 잠들어 있는 가족들이 깰새라 혼자 썰렁한 의자에 앉아서 소리를 낮춰가며 찬송하고 기도하는 모습이 때로는 은혜도 되겠지만 성령의 역사는 임하지도 뜨겁지도 않는 틈을 타서 졸음 마귀는 도적같이 찾아와서 내 귀에 속삭이며 그만 따뜻한 이불 속으로 들어가라며 유혹합니다.

그럴 때마다 정신을 차리고 나의 형편과 사정을 너무나도 잘 아시는 하나님께 은혜를 사모하고 간구하면 어느새 메말랐던 눈에선 뜨거운 감사의 눈물이 가슴을 적십니다.

지금의 내가 존재하는 이 순간까지 사랑의 하나님께서 붙들어 주시고 가시밭길 넝쿨 속에서 검불처럼 말라빠진 병든 육신을 살려주신 하나님의 은혜를 기억하면서 지금은 이처럼 마음의 안정과 화평스러운 가운데 살아 있음에 더욱 희망과 소망을 누리며 밝아오는 내일을 향해 도전 해 보고싶습니다.

올해 특별한 기도 제목은 실족한 아들내외를 주님께로 다시 인도하는 목적이 내가 져야하는 십자가며 유일한 기도 제목입니다. 이제부터라도 하나님, 예수님을 나의 주인으로 모시고 모든 짐을 맡겨버린 채. 깃털처럼 가벼운 육신으로 오직 주님의 뜻을 따라 살다가 주님계신 천국을 소망하는 그날을 위하여!...

가슴으로 밀려든 소리 없는 메아리

아름다운 찬송(여호와는 나의 목자시니 내게 부족함이 없으리로다.)

평소에 애송하며 즐겨 부르던 복음성가 112장 다윗왕의 시 23편의 시어를 붙여 나운영님께서 작곡하신 가슴 찡한 찬송을 우리 모두 즐겨 부르는 감미로운 성가이지요.

지난 6월 7일(主日) 목사님께서 시편 23편 말씀을 들고 수많은 양무리에게 살찐 꼴을 주실 때 다시 한 번 큰 은혜를 받고 감사와 회개의 눈물을 쉴 새 없이 흘렸습니다.

그토록 오랜 시일을 두고 회개와 애통과 반성을 일깨우며 절박한 심령으로 기도하고 간구했지만 하나님의 응답은 어디쯤에 와서 서성이고 계신지요? 심히 안타까운 심정이었습니다.

이렇게 좋은 날, 이 지역에서 물밀 듯 밀려오는 구원의 인파들 속에 나의 분신인 아들과, 며느리의 모습은 그 어디에도 보이지 않았습니다. 서울에 살 때 7년 전 결혼하면서 맞벌이를 시작했어도 주일 성수만큼은 어김없이 지켰었는데. 이곳으로 이사 온 후론 딱 2주일 출석하고 난 후로는 일체 발길을 멈추고 말았습니다.

이제는 그 어디에도 보이지 않는 현실 앞에 실족한 저들의 발걸음을 주님께로 이끌지 못한 양심의 부끄러움과 부담 때문에 감히 하나님 앞에 고개를 들 수 없었습니다.

10년 동안 서울에서 제일 큰 교회 직원으로 재직하면서 험한 일 천한 일도 가리지 않고 오직 교회 일만을 천직으로 알고 다녔지만 결국 어느 계기를 통해 치유될 수 없는 우울증과 공항장애라는 진단을 받고 난 후 마음에 큰 상처와 시험이 들어 사람을 기피하고 그 발걸음도 멈춰버린지 이미 오래인 지금!.. 이 시점에 하지만 언젠가는 두 손 들고 회개의 눈물을 흘리며 당신 앞에 돌아올 줄 믿고 이 엄마는 끊임없이 기도의 줄을 놓지 않을 것입니다.

순수하고 여린 마음 너무나 깊은 상처로 남은 아픔을 치유 해 주실 분은 오직 유일하신 여호와이레의 하나님! 에벤에셀이신 하나님! 우리와 함께 하시는 마누엘이 되시는 사랑의 하나님이심을 믿고 시인합니다.

아직도 나의 고백, 나의 기도가 하늘에 상달되지 못하고 허공에 맴돌고 있음을 스스로 일깨우며 종일토록 은혜의 열기 속에 목사님의 능력의 말씀으로 아름다운 찬송을 들으면서 반성의 눈물, 회개의 눈물, 가슴으로 젖어드는 감사와 감격의 눈물을 흘려야만 했습니다.

지난 6월 7일과 6월 14일 2주간의 전도주일로 정하고 노란 손수건 주일이란 명칭을 붙여 온 성도들의 열의와 한 마음 한 뜻으로 지역 복음화를 위해 한 영혼 초청 잔치를 열었다.

그 결과 기적과 놀라움은 하나님의 도우심과 역사하심으로 말미암은 우리 모두의 기억 속에 오래도록 간직될 것입니다. 감사하게도 해산의 고통을 겪고 태어난 40여명의 귀한 태신자를 잘 가꾸고 다독이며 사랑의 손길로 양육해서 아름다운 열매로 자라나길 기도 하겠습니다.

"환난 날에 나를 부르라 내가 너를 건지리니 네가 나를 영화롭게 하리로다" (시편 50:15)

나의 전부이신 하나님! 아버지께서 눈이 어두워 나를 못 보심도 아니요, 귀가 둔하여 나의 기도를 못 들으심도 아니신 줄 믿사오니 이 세상 끝날까지 이 못난 죄인을 외면하지 마옵소서...

겉 사람은 날로 쇠하여지나 속 사람은 날로 새로워지고 강해졌으면 좋겠습니다.

핍박 속에 갈망했던 믿음의 싹

옛날 어린 소녀시절 외가에서 더부살이 하던 그때 처음 예수님을 영접하고 마음대로 교회를 못 다녀서 갈급할 때가 있었다. 고양이처럼 살금살금 몰래 새벽 기도회에 몇 번 나갔다가 꼬리가 길면 밟힌다고 했던가!... 어느 날은 결국 외숙모에게 들키고 말았다.

"집구석을 망해 먹으려고 작심을 했냐? 호강에 바쳐도 유분수지. 여기가 감히 어디라고 이 집에서 교회를 나가 나가길... 부지깽이로 다리몽둥이 분질러 놓기 전에 교회고 나발이고 다 집어 쳐. 예수쟁이가 되면 밥이 나오냐? 옷이 나오냐? 차라리 내 주먹을 믿던지, 아니면 내 집에서 당장 나가던지" 호되게 야단을 맞고부터 교회는 더 이상 교회 다니다간 밥줄마저 끊어질까 두려웠다. 하나님의 품을 떠나 고생문이 기다리고 있을 세상 속으로 빠져들어 가난과 질병과 저주와 고통을 밥 먹듯 살아 온 30년의 세월이 아니던가.

한창 6.25 사변 때라 미국에서 건너 온 구호 물품인 예쁜 속치마도 얻어 입고 미제품 과자도 얻어먹었는데, 교회를 안 나가면 어떡하나 전전긍긍하는 내게 동생은 "언니 핍박을 당할수록 교회는 계속 다녀야 돼. 외숙모는 항상 그러는 사람이잖아, 언니가 이해를 하고 한쪽 귀로 듣고 한쪽 귀로 흘려버리면 되잖아"

"애, 넌 내 입장이 안 돼 봐서 모를 거야. 식구들이 얼마나 심하게 핍박 하는지. 장로님 권사님 댁에서 맘 편히 신앙생활 하는 넌 상상도 못할 지옥이야!"

외가에서 교회와의 거리는 불과 200m도 안 되는 거리를 두고 몰래 빠져나와 교회까지 가는 그 길은 천리 길 만큼이나 길고도 멀었다. 어느 날 새벽예배를 가기위해 나서는데 숨죽인 발자국 소리를 용케 듣고 느닷없이 안방 문이 왈칵 열리는 바람에 나는 놀란 가슴을 움켜 쥔 채 그 자리에 선채로 목석이 돼 버렸다.

나를 구원해 주시고 위로와 사랑으로 감싸주셨던 전능하신 하나님이 아버지가 되시기에 그나마 의지하고 유일한 버팀목을 삼았던 터라 때로는 설움에 복바쳐 혼자 기도하면서 울기도 많이 했다. 무더위가 한창이던 어느 여름날이었다.

교회서 1박2일간의 하계 수련회를 대구 동화사가 있는 팔공산 계곡으로 떠난다고 해서 나도 한번 따라가고 싶었지만 무슨 뾰족한 방법이 없었다. 곧이곧대로 말했다간 보내 주긴 커녕 삶은 호박에 이빨도 안 들어 갈 것이 뻔했다.

무슨 핑계로 어떻게 꼬시나 궁리하다가 언뜻 좋은 생각이 떠올랐다. 마침 고종사촌 언니가 생각났다.

경주에 사는 고모님 댁의 언니가 시집간다는데 이틀만 시간을 주면 다녀와서 더 열심히 일하겠노라고 본의 아니게 거짓말을 하면서 동생과 함께 하룻밤만 자고 오겠으니 보내 달라고 졸랐다.

반신반의 하는 눈치였지만 나는 아무 변명도 못하고 보따리를 챙겨 동생을 앞세우고 서둘러 집을 빠져 나왔다.

간신이 허락은 받아 냈지만, 한 마디 군소리가 따랐다. "봄, 가을도 아닌 오뉴월 염천에 더워 죽겠는데, 무슨 결혼식이라니?..."

지금은 고인이 되신 담임목사님께서 우리 남매에게 많은 관심과 배려를 해 주셔서 닭고기니 떡이니 과일 등 먹을 것들을 잔뜩 가져다 주셨다. 어린 마음에 얼마나 기쁘고 좋던지 신이 났다. 그날 밤 야외

텐트 안에서 극성스런 모기떼와 밤새 싸우느라 잠 한 숨 못 잤어도 오랜 기억 속에 아름다운 추억으로 남아있다.

그 해 겨울 성탄절이 다가왔다. 야밤에 몰래 빠져 나오는 것도 이제는 제법 요령이 생겨서 예전처럼 가슴이 콩닥 거리거나 무섭지도 않았다. 말하자면 간땡이가 부었다고나 할까. 어찌 됐든, 성탄 전야에도 곤히 잠든 동생을 잡아끌고 몰래 빠져나와 교회로 향했다.

1부 예배가 끝나고 온 성도가 빙 둘러 앉아 한바탕 천국 잔치가 벌어졌다. 따뜻한 차를 마시며 한창 분위기가 무르익어 갈 무렵 몇 사람씩 조를 짜서 새벽송을 돌고 다시 교회로 모인 우리는 장로님 댁에서 맛있게 끓여 주신 떡국을 먹고 새벽녘에 외가에 돌아오니 집안은 아직 고요 속에 잠들어 있었다.

하나님께서 식구들의 귀를 막아 주셔서 발자국 소리를 듣지 못하게 하셨구나 생각하니 그제서야 안도의 숨을 내쉬며 하나님께 감사드렸다.

낮에는 일하고 밤에는 책을 읽고 [晝耕夜讀]

차츰 마음이 안정되자 그때부터 다시 공부를 시작했다. 부모님 살아 계실 때 나는 이미 천자문을 뗐지만 하루아침에 고아가 되어 학업을 중단할 수밖에 없음이 가슴이 아팠고 배우지 못하는 안타까움에 몸살이 날 지경이었다.

때와 장소를 가리지 않고 수단과 방법을 총 동원해서 누구보다 많이 익히고 깨우치려 몸부림쳤다.

비록 좋은 환경에서 훌륭한 스승의 가르침은 받을 수 없다 할지라도 밤을 낮 삼아 닥치는 대로 배우고 익히자며 마음 다져 먹었다.

열심히 배움의 채찍을 가하면 가할수록 마음은 더욱 조바심이 났다. 구석진 골방에 호롱불 밑에서 밤이 깊은 줄도 모르고 책과 씨름

하다보면 어느새 동창이 훤히 밝아온다. 미닫이문 하나 사이를 둔 안방에서는 자다 말고 외숙모의 볼멘소리가 들린다.

“저년이 기름 닳는데 그만 안자고 밤새 불 켜놓고 뭣 하고 자빴졌노? ‘식자우환’도 유분수지.” 그 당시만 해도 나는 식자우환(識者優患)이란 말뜻을 알지 못했다. 호롱불 빛이 새어 나가지 않게 덮고 있던 담요를 미닫이문을 가려놓고 공부를 계속하다 새벽녘이 돼서야 잠이 들곤 했었다. 다음 날 아침 밥 지으러 부엌에 나와서 아궁이에 보릿짚을 때면서 전날 밤에 배운 천자문과 글들을 부엌바닥에 써본다.

부지깽이로 써 보곤 하는 것이 유일한 일상이 돼버렸고 내 머릿속에는 공부와 배움이란 두 단어가 그림자처럼 뇌 속에 입력돼 있다.

낮에 일하다 가끔 졸기라도 하면 밤새 자지 않고 책벌레가 되더니 “쯧 쯧, 너도 팔자다.” 빈정대는 외숙모 여러 사람들 앞에서 핀잔을 서슴지 않았다. 당시 외가에서는 농사 외에도 여러 가지 가내 공업으로 많은 직공들을 고용하고 있으면서 돈도 많이 벌어드렸다.

동생도 낮에는 과수원이며 농사일을 거들고 밤에는 중학교 야간부에 편입해서 피곤함도 잊은 채 종종 걸음으로 학교에 달려가 한 자라도 배우기 위해 애를 썼다. 사과 밭 언저리에 외조부모님께서 잠들어 계시는 묘 옆에 큼지막하게 지어 놓은 원두막은 김매다 힘들면 쉴 수 있는 공간에 몇 개의 사다리를 타고 올라가 원두막에 걸터앉으면 여름 밤 반딧불을 좇아 사색하며 감상에 젖던 홍안의 소녀시절...

헤어진 동생들의 모습을 떠올리며 눈시울 적시던 아픔, 하늘과 땅 사이 그 가운데 동그마니 남겨진 우리 오남매, 사슴처럼 외롭게 살아가는 불쌍한 어린 동생들. 눈에 눈물마를 날 없이 언제나 외롭고 고독했기에 틈틈이 접해보는 책들은 나의 유일한 친구이자 벗이었고 배움의 장소였던 그 자리에서 문학을 동경하며 꿈을 키웠던 성장기에 아름다운 추억으로 남아 있다.

제 3 부

꽃의 예찬

난생 처음 북유럽 여행을 가다

요란한 엔진소리를 내며 비행기는 높고 푸른 창공을 날고 있다. 어디쯤 왔을까!. 무심코 시계를 보았다.

한국 시간으로 새벽 2시. 5시간이 늦은 러시아 시간인 밤 9시로 시계바늘을 돌려놓고 닫혀있는 창 덮개를 열었더니 거긴 대낮처럼 밝은 태양빛이 눈부셨다.

티 없이 맑고 푸른 하늘 저편에 솜털처럼 뭉게뭉게 떠있는 구름사이로 하얀 얼음 조각들이 잔잔한 호수위로 빙하처럼 떠 있는 듯 착시현상을 일으키는 신비스러운 현상이었다.

드넓은 공간에 은빛 날개를 펼친 거대한 물체가 보이지 않는 어떤 힘에 의해 미지의 세계를 비행하는 기체가 신기하고 놀라운 광경이다.

어언 예순을 넘긴 나이로 혼자 나서게 된 해외여행길이 두렵고 긴장됐지만 딸을 만난다는 기대로 위안을 삼았다. 딸아이가 이틀 밤을 걸쳐 상세히 적어 보낸 여행일지와 주소만 달랑 들고 나선길이 그날따라 정각 12시에 이륙할 비행기가 다섯 시간이 연착되는 바람에 배웅 나온 가족들과 오랜 기다림 끝에 오후 늦어서야 김포공항을 이륙했다.(그 당시엔 인천국제공항이 없었음)

경유지인 모스코바 공항에 착륙한 시간은 칠흑 같은 어둠속에 궂은비가 추적추적 내리고 있었다.

하룻밤을 묵을 호텔로 향하는 셔틀버스 안에서 내다본 바깥은 어둠속에 묻힌 채로 적막이 감돌고 나그네의 설움에 갑자기 눈시울이 젖었다.

아무런 물체도 보이지 않고 다만 곧게 뻗은 키 큰 나무에서 숲들끼리 서걱대는 바람소리만 서럽게 들릴 뿐...

거기는 상상했던 것과는 달리 광활한 러시아 땅이 아닌 그저 한적한 시골동네 같은 느낌이 들면서 밝은 대낮에 구경 못하는 아쉬움이 남았다.

다음날 오전 비행기로 유럽을 떠날 한국인은 나를 합쳐 모두 다섯 명. 그 중 젊은 한 쌍은 프랑스 파리로.

또 다른 아주머니와 아저씨는 각각 독일 베를린에 가는 분들이었고 나는 스웨덴 스톡홀름을 경유 코펜하겐까지 가는 외톨이었다.

하룻밤을 지내고 다음날 아침 호텔 로비에 모인 일행은 독일 가는 아저씨의 디지털카메라로 기념사진 몇 장 찍고 나서 아쉬운 이별을 뒤로 하고 각자 목적지를 향해 비행기에 올랐다. 작년 봄에 한국을 다녀간 지 15개월 만에 수도 코펜하겐 공항으로 마중 나온 딸은 엄마를 보는 순간 토끼처럼 놀란 눈을 하고 얼굴 가득 환한 웃음으로 맞이해 준 딸이 귀여웠다.

아마도 딸이 생각하는 표정은 엄마가 이 먼 곳을 혼자서 찾아 왔다는 사실이 좀처럼 믿어지지 않는 모양이다.

재미 교포들이 많이 사는 미국도 아닌 유럽에서 외롭고 고독한 타국생활에 얼마나 마음고생을 했을까?

생각하면 가슴이 저리고 목이 메인다. 지난 2년 동안 그곳에 안주하면서 특히 기후변화가 심한 기상조건 때문에 늘 마음이 우울하고 괴롭다는 애절한 사연을 전해 오기도 했었다.

음식문화, 생활습관이 전혀 다른 낯설고 생소한 이국 생활에 외롭고 서러운 마음 기댈 때 없이 서성이며 고국에 대한 향수에 젖어 살면서 그 나라 법도와 풍습에 적응하지 못하고 가족들 몰래 그리움과 갈등 속에 눈물 마른날 없던 나날들이 힘에 겨웠을 텐데, 그래도 엄마 앞에선 애써 태연한 딸의 모습이 더욱 애처롭고 가슴이 저렸다.

영어로는 각 나라마다 통용되지만, 자기네 나라에서 쓰는 언어가 따로 있어서 덴마크어를 하지 못하면 취업을 할 수 없기 때문에 2년 동안 어학연수를 받던 중, 마침 덴마크 제2의 도시 오후스에 자리 잡은 통신회사에 입사하게 되면서 차츰 마음도 안정되고 힘들었던 낯설음도 적응되고 모든 생활이나 마음의 여유로움으로 자리 잡아가고 있었다.

모녀는 팔짱을 끼고 잠시 시내 구경을 나섰다. 백화점에 들러 아이쇼핑도 하고 스넥코너에서 간단한 점심을 먹으면서 오랜만에 행복한 순간을 맞았다. 덴마크의 수도 코펜하겐은 고층빌딩이란 붉은 벽돌의 5층 건물이 고작이며 집과 건물은 개조하거나 새로 신축하는 공사현장은 눈에 띄지 않았다.

옛 모습 그대로 고풍스럽고 오랜 전통을 이어온 흔적이 고스란히 남아 있는 고즈넉한 도시의 분위기는 아름다운 한 폭의 그림이었다. 거리 구경을 마치고 기차를 타기 위해 중앙역으로 돌아왔다. 내가 가기 몇 달 전만 해도 딸의 집에 가는 기차를 타면 차채로 페리(배)에 실려 바다를 횡단했다고 한다.

그러데 지금은 바다 밑으로 터널을 뚫어서 기차로 가는 시간이 단축됐다고 한다. 약 3시간 후 집에서 가까운 호슨스역에 마중 나온 사위를 만나 잠시 포옹으로 재회의 기쁨을 나누고 약 20분 거리 전원주택에 사는 딸의 집에 도착해서 꼬박 이틀이 걸린 여독을 푸느라 이틀 동안 깊은 잠에 빠졌다.

(여름엔 7시간 겨울엔 8시간) 시차가 바뀐 공간에서 간신히 정신을 차

리고 보니 듣던 말대로 아침부터 짙은 안개구름에 덮여 종일 비가 내렸다. 천둥번개를 동반한 빗줄기가 어둠 속에서 요동치며 하늘을 덮고 있는 회색구름으로 늘 칙칙하고 공기를 무겁게 적시는 짙은 안개에 늘 시야가 흐릿하다.

보슬비, 소나기, 대개(오전중의 현상) 그러다가 오후 한때는 눈부신 햇살이 배시시 웃는 모습으로 얼굴을 내민다.

하루에도 몇 차례씩 날씨 변동이 심해서 아침에 활짝 웃다가 금방 우울했다가 또 저녁나절에는 빗방울이 오락가락 끝내는 천지를 진동시킬 듯, 통곡으로 쏟아 붓는 세찬 빗줄기...

도무지 종잡을 수 없는 것이 이곳 덴마크의 날씨 변화다.

전체 인구 528만에 국토는 우리 남한 땅 3분의 2정도로 일인당 국민 소득은 年 3만 3천 달러란다.(2000년도에 집계된 자료에 의하면)

세계 최고의 고소득 그룹에 속한 나라이면서 이들은 하나같이 물자를 아껴쓰고 필요한 물건은 만들어 쓰기도 하며 고장 난 물건은 고쳐서 쓰기도 한다. 뿐만 아니라 아이들 옷도 손수 재봉틀에 만들어 입히고 간식이나 요리도 엄마들이 직접 만들어서 먹이는 가정이 대부분이다. 절전과 절수는 물론 추운 겨울에도 기름을 아끼느라 나무를 이용해서 벽난로를 피운다.

그런가 하면 가전제품도 최신 모델이나 신제품은 진열대에서 찾아보기 힘들 정도다. 세탁기나 냉장고는 보통 2~30년씩 대대로 물려받아 쓰고 있으며 구식이라 해서 가구 하나도 함부로 버리지 않는다. 과소비나 사치는 일체 하지 않고 직장 여성이나 전업 주부들은 대개 화장기 없는 얼굴로 맨발인 채 샌들을 신고 거리를 활보하는 활기 찬 모습이 인상적이다. 이들의 근검절약을 보면서 나는 느낀 점이 많다.

남다르게 생활력이 강하고 알뜰히 절약하며 낭비성 없는 생활 습관을 통해 우리나라 5, 60년대 그 어려웠던 시절을 한번 돌아보기도 했다. 풍요 속에 궁핍한 덴마크란 말이 적절한 표현일까... 세계에서 가장 소득이 높고 일관성 있는 나라정책과 복지국가로서 살기 좋은 나라임엔 틀림없는데!...

한국처럼 유행의 첨단을 민감하게 반응하는 나라도 드물 거란 생각을 하면서 부끄러운 마음이 양심을 두드린다.

한편 지나온 한반도의 역사를 보면 찢어지게 가난 속에서도 북한 남침의 치열한 6.25 전쟁을 치렀고 아픔과 가난으로 인한 굶주림 헐벗음도 겪었다.

하지만 오늘의 대한민국은 세계 어느 나라에 비할 수 없는 눈부신 발전과 선진국 대열에 어깨를 나란히 비전과 희망 찬 발돋움의 서곡이 날로 더 해가고 있는 이때 아울러 대다수 국민들은 부요한 생활을 누리며 이 아름다운 삼천리금수강산 빼어난 자연의 풍경을 감상하면서 자유분방하게 살고 있는 축복받은 현실, 이 모두가 하나님의 축복임을 마음깊이 새기는 계기가 됐으면 하는 바램으로 언제나 감사하며 살았으면 좋겠다.

지금쯤, 한국에선 고유의 명절인 추석을 맞아 헤어졌던 가족들이 한 자리에 모여 맛있는 송편과 음식을 상다리가 부러지도록 차려놓고 둘러앉아 먹으며 정담을 나누고 즐거운 명절을 보내고 있을 것이다. 하지만 이곳 덴마크는 이른 아침부터 짙은 안개구름에 덮인 하늘에서 비가 내리고 있다. 밤은 깊어 가는데 요란한 천둥번개가 치는 가운데 세차게 내리는 빗줄기가 어둠을 타고 아우성친다.

나무뿌리가 뽑힐 만큼 세찬 바람으로 덜컹거리는 유리창에 번갯빛이 번쩍인다. 이국땅에 와서 60여 일을 머물면서 달빛만 봐도 고향이 그립고 가족들이 생각난다. 지금 고국의 밤하늘에 휘영청 떠 있을 보름달을 꿈속에서나 볼 수 있기를 기대하면서 사정없이 몰아치던 비바람도 멎은 지 오랜 지금은 칠흑 같은 어둠속에 적막이 감도는 밤이다.

[追以]
1997년 7월에서 9월까지 머물면서 보고 들은 내용입니다.

팬케이크 동화의 나라 덴마크

덴마크에 비하면 우리나라처럼 산세가 수려하고 경관이 아름다운 곳은 없다. 팬케이크라 이름 한 이곳 덴마크는 산이나 계곡이 없기 때문에 가까운 주변에 맑은 호수와 늪이 많다. 이러한 호수와 산림과 초지 덕택에 나라 안 어디를 가나 하늘을 찌를 듯 키 큰 나무와 숲이 우거진 쉼터에 갖가지 과목과 꽃들로 아름답게 잘 꾸며져 있다.

덴마크는 농경지가 70% 이상이 개발되어 있으며 집약적인 기계화에 따른 농업과 낙농이 실시되고 있어서 예로부터 유럽의 곡창이라 불리는 낙농국이며 농업국이다. 대자본에 의한 산업은 적고 다각적인 공업을 주로 하고 있다.

그리고 사회복지제도는 일관성 있게 정책을 잘 펴서 안정된 사회가 이어져 오고 있으나 고도의 복지 사회를 유지하기 위한 소득세의 고세율에 불만을 가진 사람들도 많다. 내 딸도 그중에 속하며 월급에 절반은 고스란히 나라 세금으로 바쳐야 하니까 불만은 많지만 대신 정년이 된 후 죽을 때까지 노후가 보장되니 군말 없이 이 나라 법을 따라야 한다.

이곳 사람들은 생활력이 강해서 집에서 노는 사람이 거의 없으며 나이 많아도 쉼 없이 몸을 움직이며 사회봉사를 하거나 노동을 하면서 최대한 자기 몸을 관리하는데 주력한다. 덴마크는 북극권의 약간 남쪽이어서 백야는 없지만 겨울의 일조량이 짧아서 겨울은 오후 4시만 되면 어둠이 깔리고 여름은 해가 길어서 밤 10시가 돼도 어둡지 않았다.

기후는 비교적 따뜻한 편이나 바람이 잦고 흐린 날이 대부분이다. 햇볕 구경하기가 쉽지 않아서 여기 사람들의 집 구조가 벽 사면이 유리 창문으로 설계되고 지붕 위에도 유리창을 내서 종일 태양열을 받고 있다. 대부분의 사람들은 햇볕이 들면 햇볕을 쬐기 위해 너도나도 팬티만 걸친 채 모래사장이나 바다를 향해 줄달음친다. 남성들은 윗도리를 벗은 채 쇼핑을 하고 맨발로 거리를 활보하는 모습도 자주 눈에 띈다.

귀국할 날을 며칠 앞두고 명승지를 찾아 나선 첫 날은 민속촌을 둘러보고, 다음은 민속 박물관.

그리고 선박왕 바이킹의 고향. 인어공주, 미운 오리 새끼로 유명한 작가 안데르센의 태어난 곳과 기념관, 예스퍼허스에 있는 아름다운 꽃들과 식물농장의 웅장함이 발목을 잡는다.

그리고 야일리히 마을의 선사시대 유물 등, 지금도 거기는 옛 모습 그대로 고대 문명을 이어받은 후예들이 그 시대를 재연하면서 문화생활이나 문명생활을 외면한 채 전혀 다른 고립된 테두리 안에서 묵묵히 살아가는 그들의 진지한 모습이 오랜 기억 속에 남아 있다.

숨이 차도록 돌아다닌 구경 길, 이제 딸의 마지막 휴가 중 가본 곳은 세계에서 유명한 레고 랜드다.

집에서 자동차로 1시간 30분을 달려간 그곳은 어린이를 위한 현대적인 동화의 나라지만 어른들도 즐길 수 있는 유일한 볼거리다. 교육완구로 세계의 어린이들을 매료시켜 온 레고의 작은 블록을 이천만개 이상을 사용해서 만든 하나의 소형국으로 각광을 받고 있다.

베르사이유궁전, 버킹검궁전 등 세계의 유명한 건축물을 모두 작은 플라스틱 블록으로 만든 레고 왕국이 건설되어 있다. 레고로 만든 항구에는 레고 배가 뜨는 것을 비롯하여 기차, 보트, 헬리콥터. 로켓이 발사되는 우주기지도 만들어져 있고 귀여운 어린이들 고적대의 행진도 볼만했다.

시간의 흐름을 잊어버릴 정도로 레고 랜드는 그야말로 신나는 별천지였다. 여름 휴가철이 되면 이웃나라 유럽의 독일, 스웨덴, 네덜란드, 노르웨이, 핀란드에서도 많은 여행객이 몰려와서 길바닥이 구경온 인파로 물결처럼 출렁인다.

여기 와서 몇 군데 다녀 보며 절실히 느낀 것은 역시 우리 대한민국이 최고라는 것을 자랑하고 싶다.

볼거리, 먹거리, 입을 거리 많고 상품도 다양해서 돈만 있으면 얼마나 살기 편하고 좋은 나라인지, 다만 정치하는 사람들이 마음에 안 들고 범죄가 많아서 탈이지만... 여기는 범죄가 없으니 빅 뉴스거리가 별로 없고 한국 사회하고는 전혀 다른 세상 같았다.

그런가 하면 이 나라는 철저히 개인주의 사회이기 때문에 사랑이 메말라 있고 이웃 간의 왕래도 거의 없으며 주고받는 나눔이나 친교가 없는 고립된 사회다. 부부끼리도 외식을 하면 자기가 먹은 것은 스스로의 지갑에서 밥값을 치른다.

이색적인 장면을 보면서 무엇보다 우리 한국사회는 산새 아름답고 물 좋고 살기 좋은 한국임을 다시 한번 일깨웠다. 그네들의 삶이 얼마나 살벌하고 인간미가 없든지, 하기야 우리의 문화도 점차 핵가족 시대가 되면서 모든 생활구조가 바뀌고 있으니 남의 나라 흉볼 건 아니지만...

옛 우리 선조들의 생활상은 비록 궁핍하고 가난했어도 인심은 후해서 먹지 않아도 이웃 간의 주고받던 미덕과 사랑으로 비록 궁핍하고 가난했지만 배불렀던 옛 시절이었다.

인정과 나눔으로 남겨진 흔적, 우리네 조상대대로 살아온 생활의 관습과 전통, 그때 그 시절이 새삼 그리워진다. 사계절 뚜렷하고 자연 경관이 아름다운 나라는 역시 우리 대한민국이 아닐까?...

이 땅에 태어난 것은 크나큰 축복이며 선택받은 백성인 것을...

겨자씨만큼이라도 감사하고 불만 없이 살자, 스스로 마음 굳게 다짐하면서 머나 먼 여정 길을 마치고 덴마크 빌륜공항에서 2시간여 만에 네덜란드 기포공항에 내려서 장장 네다섯 시간을 기다려 한국행 KLM으로 갈아타고 무려 13시간여 만에 무사히 인천 국제공항에 착륙했다.

덴마크 큰 왕자 장가가던 날

현재 덴마크 왕궁에서는 프레데릭 9세의 장녀인 마르그레데 2세가 통치하고 있다. 1953년 여자에게도 왕의 계승권이 인정 되어 1972년 부왕의 사후에 즉위 했으며 프랑스인 귀족 출신의 헨릭 전하와의 사이에 프레데릭과 요아킴 두 명의 왕자를 두고 있다.

둘째 아들 요아킴은 지난 1995년 오스트리아계 홍콩여성과 결혼해서 슬하에 두 아들을 두고 있으며 프레데릭 왕자는 지난 2000년도 호주 시드니 올림픽이 열렸을 때 요트경기 선수로 참가했다.

올림픽이 끝나면서 어느 선술집에서 왕자는 이 아름다운 섬 처녀와 우연의 만남이 아닌 필연적인 하늘이 맺어준 인연이었을까!

두 사람이 만나서 오늘에 이루기까지 국경을 초월한 사랑의 탑을 쌓게 된 징검다리로 이어져오게 된 것이다. 그동안 왕족과 서민과의 뛰어넘을 수 없는 결혼에 대한 법도와 왕가에서 지켜온 엄한 관습 때문에 많은 갈등과 고통을 겪었지만 이들은 국경을 뛰어넘어 끊임없는 교제와 메일과 채팅을 통해 일국의 왕자와 천민 섬

처녀와는 어떤 이유로도 성립될 수 없는 왕실의 엄한 규율과 법도를 한 순간에 무너뜨리는 순간이었다.

프레데릭 큰 왕자는 여왕인 어머니와 프랑스 귀족 출신의 아버지를 둔 왕자는 어떤 이유에서든 도저히 넘어갈 수 없는 장벽을 목숨을 걸다시피 끈질긴 설득과 눈물의 호소로. 동서고금을 막론하고 자식 이기는 부모 있던가?

결국 왕자는 섬 처녀 메어리와의 결혼을 왕실과 왕족들로부터 어렵게 승낙을 받아냈다. 장차 왕비가 될 신부 메어리 도널드슨은 4년 동안 묵묵히 궁중 법도와 언어와 문화를 배우고 익혀서 오랜 숙원 끝에 왕가의 며느리가 될 모든 자격을 피나는 인내와 노력으로 빈틈없이 갖추게 되었다. 그래서 사랑의 힘이란 위대하고 놀라운 것인가 보다.

오늘의 이 행사를 위해 일주일 전부터 작은 섬나라 덴마크는 온통 축제분위기에 휩싸였다.

결혼 전야인 2004년 5월 13일 밤. 왕족과 귀족들 그리고 정치인들의 칵테일 파티 겸 축하공연이 왕실 극장에서 무려 4시간 동안이나 이어지는 심야에 극장 밖에서는 취재 나온 기자들이며 구경나온 시민들로 인산인해를 이뤘다.

그리고 다음 날 결혼식을 치르고 난 신랑신부는 호화롭게 장식한 기마병 말 수레를 타고 길게 늘어선 호위병들의 군악대의 도열 속에 온 나라 안은 온통 축제분위기에 휩싸였다.

연도에 나온 군중들의 축하와 환호를 받으며 행진하는 이제 막 탄생한 신혼부부의 행복한 모습을 나 혼자 보기에 아까웠다.

시가행렬은 끝없이 이어지고 인파의 물결은 파도처럼 출렁이고 있었다. 왕실의 내부에서는 귀족들과 왕족들의 성대한 저녁 만찬은 이 시대에 보기 드문 한 폭의 그림처럼 화려하고 거창했다

그야말로 초호화판 영화의 한 장면 같았다. 결혼식은 여기 시간으로(한국과 시차는 7시간 늦음) 5월 14일 오후 4시에 덴마크 수도인 코펜하겐의 가장 오래되고 역사 깊은 기독교회에서 성대히 치르게 되는 국가적인 큰 행사였다.

나는 지난 1996년 덴마크로 시집와서 살고 있는 딸의 집을 올해 네 번째로 오게 된 여행 겸 방문이다. 오늘은 마침 뜻 깊은 날을 맞아 회사 가까운 중소도시 오후스에서 열차를 타면 덴마크의 수도 코펜하겐까지 4시간이 걸리는 먼 거리를 딸은 아침 일찍 회사 출근하고 나 혼자서는 갈 수가 없었다.

그래서 이 나라 왕족의 결혼식 장면을 TV화면을 통해 시선을 고정시키고 눈여겨 볼 생각을 하니 왠지? 가슴이 설렜다. 많은 하객들이 몰리는 이날에 이왕이면 날씨가 따뜻하고 화창했으면 좋으련만 아침부터 음산하고 냉각한 날씨였지만 하늘의 축복과 번영을 빌면서. 특히 이번 여행은 그 어느 때보다 오랜 기억 속에 아름다운 추억으로 남을 것이다.

현재 결혼 6년차인 프레데릭 왕자, 메어리 왕비 사이에 아들딸 두 남매를 낳고 여왕부부 모시고 왕실에서 행복한 궁중생활을 이어간다는 후문이다.

꽃의 예찬

수정같이 맑고 투명한 아침 이슬을 머금고 흐드러지게 핀 정원의 꽃이나 이름 없는 들꽃을 만나면서 하루가 시작된다. 때로 마음이 울적하고 외로울 땐 들길이나 정원을 산책하다 보면 말없이 피고 지는 갖가지 꽃들과 눈길이 마주치게 된다.

제각기 요염한 자태를 뽐내며 유혹하는 꽃들과 정겨운 눈웃음 주고받으며 소근소근 정을 나누다 보면 어느덧 기분은 상쾌해지고 들뜬 마음은 평화로워진다. 흙에서 자라고 사는 생명 있는 식물 가운데 꽃이란 존재는 사람에게 가장 가깝게 접하게 되는 생명체가 되기도 한다.

우리가 생활하는 일상 속에서 갖가지 꽃을 대하면 그늘졌던 얼굴에 금방 기쁨의 요소가 되어 활기찬 웃음꽃이 활짝 피어나는 생활의 활력소를 불어 넣어주는 요인이 되기도 하면서 저마다 독특한 매력과 생김새를 자랑하며 그윽한 향기를 풍겨주는 꽃들의 특성은 눈이나 후각을 통해 전해오는 기쁨의 선물이다.

한 달이 넘도록 이곳 한적한 이국땅에 머문 동안 엊그제는 민박 집 안주인과 정원을 거닐다 꺾어 준 장미꽃 네 송이를 내 방 화병에 꽂았다. 그 중 노란 장미 한 송이가 방긋이 웃음 머금은 채 온 방안 그윽한 향기를 풍겨주는 장미 한 송이가 어찌나 예쁘고 살가운지 잠시도 눈을 뗄 수가 없다.

여긴 장미와 접시 꽃 송이가 어찌나 크고 우람한지 어떤 꽃에도 비교할 수 없어 옛날 우리 조상들이 쓰던 밥주발에 비유한다면 너무 지나친 비약일까? 꽃송이가 너무 크다보면 귀여운 맛이 덜하다. 정원에 핀 꽃이나 이름 없는 들꽃. 푸른 잔디밭 곳곳에 핀 작은 풀꽃까지도 꽃은 작을수록 귀엽고 앙증맞다.

내 이름 끝 자가 꽃 화(花)자가 들어서인지 유난히 꽃을 좋아하며 예쁜 꽃을 보면 온 몸에 닭살이 돋고 가슴 저린 살가움에 곁을 떠나지 못한다. 꽃은 작으면서 귀엽고 깜찍하게 생긴 꽃이 더 마음에 든다.

작은 꽃잎들이 도란도란 어우러져 하나의 꽃송이로 핀 꽃송이가 더 없이 경이롭고 매력이 있다.

세상 누구나 꽃을 싫어하거나 멀리하는 사람은 없겠지만 나는 꽃에 대한 애착이 남다르다. 슬프도록 가녀린 몸짓으로 흐느끼듯 하늘거리는 길섶에 핀 코스모스, 들이나 산비탈 벼랑 끝에 위태롭게 핀 이름 없는 들꽃들을 보면 그 초연함에 금세 가슴이 울렁거린다.

인간의 일상 속에 갖가지 꽃이 없다면 사람 사는 이 땅이 얼마나 삭막하고 허전하고 광야 같은 허허로움일까?...

사람이 아름다운 꽃들과 자연과 더불어 산다는 것은 더할 수 없는 하늘의 축복이며 삶을 조화롭게 가꾸며 살아갈 수 있는 내일의 희망일 것이다.

언제나 침묵하는 꽃이지만 청정한 그 모습 속에서 흡사 나 자신을 보는 듯한 착각을 일으킨다. 눈길에 밀려난 가시넝쿨 속에 버려진 생애에 비유하게 된 어린 날들, 그토록 힘겨운 고난의 통로가 있었기에 어른이 돼서도 덤불속 억새풀을 헤쳐 나와 살아남을 수 있는 힘의 원천이 되어 삶을 지탱케 했다.

그러기에 인간은 끝이 없는 시작에서 완성되지 않는 생을 위해 갈망하고 갈구하면서 망각의 피안으로...

과거가 없는 현실은 존재할 수 없으며 현실이 없는 미래 또한 기약할 수 없듯이 과거는 언제나 기억 속에 머물고 있을 뿐... 현실은 오직 지금이요. 순간일 뿐이다.

미래를 추구하고 아등바등 몸부림쳐도 거짓 없는 한 송이 꽃보다 못한 인간의 내면세계는 남을 기만하고 속이고 거짓되고 거만하고 냄새나는 추한 모습인 채로 변함없이 세월 따라 흘러가는 덧없는 인생은 날로 쇠하고 풍화되어 늙어간다.

보랏빛 들국화, 이름 없이 피고 지는 들꽃들, 오랜 시간 침묵해도 싫증나지 않고 진한 애착이 분수처럼 솟아나 눈시울을 적게 한다. 아마도 짧은 생애지만 해맑고 수줍음의 미소가 슬프도록 애처롭기 때문이리라!...

누가 알뜰히 가꾸어 주는 손길도 살가운 눈길 한번 주지 않아도 봄이 오면 돌 틈 사이나 담벼락에 기대서서 새로운 생명을 틔우며 자연의 순리 앞에 고개 숙여 순응한다. 가녀린 줄기에 꽃을 피워 잠시 머물렀다 미련 없이 생을 접는 꽃의 운명이지만...

언제나 말없이 오고가는 삼라만상은 영원히 꺼지지 않을 생명의 불꽃으로 우주공간에 살아남으리...

– 2000년 7월 어느 한적한 민박에서

천안함 침몰사건

지난 2010년 3월 26일 서해바다 해상에서 일어난 청천벽력 같은 북괴의 폭침으로 천안함 침몰사건 소식을 접한 실종자 가족들은 물론이며 온 나라 안 국민들은 경악과 놀람과 큰 충격에 빠졌다.

백여 명의 해군 장병이 승선하여 항해하던 해군 잠수함이 갑자기 폭발하는 사고로 인해 그 중 절반(46명)에 가까운 고귀한 생명이 흔적도 없이 사라진 어이없는 실종사고가 발생했다.

이제 갓 피어나는 앳되고 꽃다운 젊은 병사들이 저 깊은 바다에서 헤어나지 못한 채 각종 오염으로 흐려진 깊은 물속에 갇혔는데 사건 발생 몇 날 몇 밤이 지나도록 생사조차 알 길이 없으니 미치도록 답답할 노릇이다

실종자 가족이나 국민들은 마치 창자를 에이듯 녹아나는 아픔을 견디며 밤낮을 지새우는 하루하루가 천년 같은 현실 앞에 제발 살아만 있어주길 기대했던 한 가닥 희망마저 아랑곳없이 하늘은 왜? 그리도 무심하게 침묵하고만 계시는지 야속하고 슬픈 일이다.

하루 한시가 급한 상황인데 본격적인 구조작업은 시작도 못하고 계속되는 악천후에 천지를 개벽할 듯이 쏟아 붓는 폭우로도 모자라 세찬 바람까지 가세한 일기불순으로 발 묶인 구조작업이 지연됨에 따라 하늘을 우러르며 탄식만 쏟아낼 뿐, 안타까운 심정을 어디 누구에게도 털어낼 수 없음이 원망스럽다.

속수무책으로 자연이 내리는 재앙이나 천재지변은 그 어떤 힘도 그 누구의 능력이나 권력도 막아 낼 있는 장사는 없었다. 하지만 이를 묵묵히 지켜보던 해군 상사이며 선배인 한주호 준위께서 아끼고 사랑하던 후배들을 구하기 위한 일념으로 생명의 위협을 무릅쓰고 바닷속을 몇 차례 반복해서 뛰어 들었다.

결국 호흡도 힘도 체력도 다 빠져나간 상태로 장렬하게 순직하신 故 한주호 상사님!... 혈기 왕성한 청춘으로 끝내 싸늘한 죽음 되어 말없이 돌아오신 그분의 유가족을 비롯해서 실종자 유가족과 지켜보던 국민들은 하늘을 우러르며 또 한 번 큰 슬픔에 몸부림쳤다.

그 외도 여러 기관에서 동원된 구조대원 및 잠수부와 뜻있는 사람들이 솔선해서 동참을 시도했지만 연일 기상악화로 인한 구조작업은 갈수록 어려움에 봉착하게 되고 난항을 겪게 됐다. 시간은 자꾸만 지연되고 가슴 태우며 지켜보던 유가족이나 동참했던 모든 분들의 애간장은 녹아내린다.

날마다 한숨만 드높아 가던 즈음 사건 발생 20여 일만인 오늘 비로소 함체 함미 부분을 끌어올리기 위한 작업이 수많은 인원이 참가한 장소에 최첨단 기계와 장비를 총동원해서 두 동강 난 잠수함을 우선 꼬리 쪽 함미 부분을 인양하기로 작업을 시작했다.

한편 그 시간 독도함(배)에 승선한 실종자 가족들은 바다 위를 순위하며 소원하는 바램은 그 어느 때보다 실종 장병들의 생존을 기원하며 실낱같은 희망의 끈을 놓지 않고 있는 심정일 것이다. 이토록 절박한 상황 속에 몸과 마음은 지칠 대로 지쳐버린 상태지만 정신을 차리고 힘을 내어 끝까지 견디며 참아낼 수 있기를 기원한다.

실로 오랜만에 실현되는 오늘의 이 상황을 실종자 가족들을 비롯해서 더불어 온 국민의 눈과 귀는 저 푸른 바다를 향해 주시하며 일제히 고정되어 있음이 눈에 보인다. 단 한사람도 남김없이 모두가 살아 있어서 숨죽여 기다리는 가족들의 품으로 귀환하는 기적 같은 만남의 해후가 있기를 바라는 마음 간절하다.

그동안 실종자 가족들의 애통함과 절박했던 그 심정 어디에 비할 수 있었을까?... 가슴 절절한 공감을 느끼며 격려와 심심한 위로의 말 한마디 전하고 싶다. 이제나 저제나 기다림 속에서 눈물겨운 하루하루가 피 말리는 시간들이였으리라 생각하면 동병상련이 따로 없는 것 같다.

깊은 시름을 안은 채 울부짖는 가족들의 안타까운 모습을 볼 때마다 진정 남의 일 같지가 않다. 이 세상에 태어난 우리 모두는 한치 앞을 모르고 살아가는 유한의 인생이요 피조물이기에!... 오늘 TV화면에 비친 장면을 보면서 저토록 애쓰고 힘쓰는 많은 사람들의 희생과 노력이 결코 헛되지 않았으면 좋겠다.

원하는바 고생 끝에 모두가 기적적인 생존의 기쁨을 실종자 가족들과 우리 모두 환한 웃음꽃이 만발한 희열이 가득한 날로 기억되고 싶다. 오늘의 이 행사가 영원히 잊을 수 없는 역사의 한 페이지로 기록되리라 믿으면서...

[지상에서 영원으로 떠나가다.]

46位의 젊은 용사들이 조국의 바다를 지키다 깊은 물속에서 장렬하게 숨진 금쪽같은 아들들, 하늘같은 남편들, 피를 나눈 형제들의 유가족을 비롯해서 온 나라 안 모든 국민들의 마음은 하나로 뭉쳤고 우리가 흘린 눈물만도 바다가 넘쳐흐를 것이다.

그동안 말할 수 없는 고통과 아픔의 시련을 딛고 어제 4월 29일, 모든 장례절차가 끝나는 순간까지 한 점 흐트러짐 없이 온 나라 국민과 해군장병, 피눈물 흘리며 통곡하는 유가족들의 처절한 모습. 우리 모두 뜨거운 가슴으로 지켜본 눈빛이 서럽습니다.

생명이 다하는 그날까지 오늘의 이 숭고하고 고귀한 그대들의 희생은 영원토록 기억하며 잊지 않을 것입니다. 티 없이 맑고 고운 앳된 모습의 영정속의 말없는 영영들이여!

마지막 가시는 천국 길 천상의 안식처에서 고이고이 잠드소서!...

이 고통, 이 아픔, 유난히도 올 4월은 일기불순에 따른 여러 가지 피해와 말 못할 어려움을 겪었던 잔인했던 4월이었기에 아직도 아물지 않는 마음의 상처, 등에 진 무거운 짐들을 4월과 함께 떠나보냈으면 좋겠습니다.

[追 以]

영국의 시인 엘리어트는 "참회의 삶을 통해 영적 고뇌를 극복"

영국의 시인 T.S 엘리어트가 4월은 가장 잔인한 달이라고 표현했듯이 지난 3월 26일 밤 서해바다 해상에서 발생한 천안함 침몰사건에 이은 4월 한 달 동안은 참으로 감당하기 어려운 큰 시련과 아픔, 고통을 겪어야 했다.

그처럼 영국 시인 엘리어트 역시 불행했던 가정생활. 그리고 아내의 죽음. 시련으로 인한 고통과 죄의식은 그를 신실한 신앙인으로 변화된 이유라 하겠습니다.

1922년에 발표한 "황무지"는 모더니즘의 대표작으로 지금도 많이 애송되고 있습니다.

"죽은 땅에서 라이락을 키워내고/ 추억과 욕정을 뒤섞고/ 잠든 뿌리로 봄비를 깨운다

겨울은 오히려 따뜻했다/ 잘 입게 해 준 눈(雪)으로 대지를 덮고/ 마른 구근으로

약간의 목숨을 대어 주었다." 황무지 詩 중에서... T.S 엘리어트 작.

태풍 매미의 위력

어제 오늘에 이어 우리나라는 지금 전국에 걸쳐 '곤파스' 태풍 영향권으로 말미암아 온 국민은 불안에 떨고 있다.

지난 밤사이 세찬 바람과 함께 퍼붓듯 쏟아진 태풍 피해로 제주도를 비롯한 서울, 인천, 강화 등 도심권을 사정없이 강타한 태풍의 위력 앞에 손 한번 쓰지 못한 채 엄청난 재난을 고스란히 당해야 하는 현실이 너무도 참담했다.

지난 2004년 7월에 전국을 강타한 태풍 '매미'로 인하여 하루아침에 집도 자산도 논밭 할 것 없이 태풍 매미로 쓸려 보내고 절망과 실의에 찬 고통 속에 인명피해는 물론, 재산피해를 입고 말할 수 없는 정신적 아픔을 겪었던 태풍 '매미' 때와는 달리 이번 '곤파스'는 매미에 비하면 너무나 크고 엄청난 피해를 몰고 온 자연적 재난을 그 어떤 무기로도 막을 수 없었던 바람과 물 전쟁이었다.

6년 전 태풍 '매미' 때의 상황을 기록해 뒀던 글 한 편을 여기에 올려본다.

작은 곤충에 비하면 너무나 큰 위력을 과시한 태풍 '매미'가 휩쓸고 간 자리는 제주도를 시작해서 경남·경북, 전국 곳곳을 강타한 피해가 과히 천문학적인 숫자에 돌파했었다.

지난해(2003년)에 루사로 인해 수해를 당한 강원도 산간벽촌 농촌 마을을 초토화시키고 다른 여러 곳에 피해를 입은 그 상처가 채 아물

기도 전에 또다시 물 폭탄과 강한 태풍의 위력 앞에 그 참상을 고스란히 당할 수밖에 없었던 일이 생생히 기억난다.

그날 밤, 회오리바람을 몰고 천지를 뒤흔드는 굉음 소리를 내며 거세게 불어 닥친 위풍당당 앞에 견디지 못한 우리 집 베란다 대형 유리창문이 고막을 찢는 듯한 비명을 지르며 박살이 났다. 유리 파편이 베란다로 거실로 심지어 주방 바닥까지 흩어져 발을 디딜 수가 없을 정도로 집안은 온통 아수라장으로 변했다.

날아온 유리 파편을 치우지도 못하고 얼마나 무섭고 가슴 떨리든지! 마침 추석 연휴라 손자 손녀 그리고 며느리와 셋은 친정나들이 차 서울에 올라 간 뒤였기에 나는 아들과 둘이서 공포의 밤을 떨며 뜬눈으로 지새워야 했다.

한밤중에 전기마저 끊겨 모든 움직임이 정지된 상황에서 TV와 전화마저 불통이 됐다.

주변 역시 캄캄한 암흑천지로 변해버린 어둠속에서 놀란 가슴을 달래느라 아들과 나는 방안에서 꼼짝을 못했다.

태풍 매미는 세상 모든 것을 집어 삼키고 쓸어버릴 듯한 기세로 밤거리를 휩쓸고 다니며 소용돌이치며 아우성이다.

마치 천지를 뒤흔든 혼돈의 밤이 두려움 속에 지속되는 찰나였다. 칠흑 같은 어둠을 타고 여기저기서 아파트 유리창문 세찬 바람 앞에 견디지 못하고 깨지는 소리, 거세게 불어 닥친 비바람에 시달려 못이겨 넘어진 전신주, 거리마다 떨어져 뒹구는 간판, 뿌리째 뽑힌 나무들, 부서지고 찢겨진 각종 시설물, 바람에 날려 흡사 도깨비 시장을 방불케 하는 지옥의 아우성이 따로 없었다.

서랍마다 더듬어 양초를 찾아 겨우 촛불을 밝히고 공포의 밤을 지새우면서 날이 밝기를 기다렸다. 이날의 겪었던 태풍의 위력은 평생 사는 동안 처음 당해 본 일이라 너무 황당하고 어이없었다. 수마가

할퀴고, 태풍이 휩쓸고 간 뒤의 자리는 아픔과 상처만 남기고 떠난 '매미'의 흔적은 가슴을 아리게 했다.

하루아침에 생명을 빼앗기고, 집과 자산을 잃고 한해 농사를 물에 쓸려 보낸 수해를 당한 사람들의 허탈한 심정으로 절규하는 한숨이 하늘을 찌를 듯 높기만 하다. 무슨 말로 어떻게 위로의 말을 전해야 할지, 정녕 시름에 잠긴 그분들 앞에 입이 있어도 할 말을 잊었다.

해마다 두세 번 반복해서 수해를 당하는 저 산간벽촌의 불쌍한 사람들의 고통과 아픔은 어디에 비할 수 있을까?

생각하면 지극히 작은 피해를 입은 소수의 무리도 이처럼 가슴이 쓰리고 아픈데, 삶의 터전을 잃고 절망과 실의에 빠져 생사의 갈림길을 서성이며 허탈감에 몸을 제대로 가누지 못하는 우리의 이웃들을 무슨 말로 위로의 말 한마디 입에 담을 수 있을까?

나는 문득 그분들을 위해 절박한 눈물의 기도를 드려야겠다는 생각이 스쳤다. 기도의 위력 또한 만만치 않을 것이며 마지막 심판이 가까운 이때, 스스로 깨달아 정신을 차리고 근신하여 전신갑주를 입고 기도에 힘쓰는 믿음의 선진들을 본 받아서 하루속히 용기와 희망을 가지고 과감히 일어설 수 있도록!... 빌고 또 빌어본다.

다행히 어제 오늘은 햇살이 쨍쨍 비쳐서 피해복구가 활발하게 움직이는 헌신의 손길과 희생적으로 봉사하는 이웃이 있어보기에 아름답고 사랑의 꽃향기가 온 지면에 드높다. 또 다시 서광이 비칠 내일의 태양은 떠오를 것이며, 내일 지구가 멸망한다 해도 오늘 한 그루의 사과나무를 심는 심정으로...

재기의 발판을 삼아 과감히 일어서서 승리의 깃발을 하늘높이 휘날려주길 기원하면서 끝을 맺는다.

"고통없이 승리 없으며 가시밭길 없이 성공도 없다." W 펜 (영국 종교지도자)

북으로 실려 간 소떼

몇 년 전 어느 날. TV화면에 비친 수십 대의 차량에 실려 북으로 향하는 소떼들의 긴 행렬을 떨리는 가슴으로 바라보면서 순간 감격의 눈물이 볼을 타고 흘러내렸다. 끊어져 죽은 듯이 굳었던 핏줄 한 가닥이 다시 살아나는 듯 했다.

설레는 가슴으로 두 손을 마주잡고 "아~ 이제 남북이 통일이 되려나 보다." 사무친 외마디를 입에 올리며 눈을 들어 바라 본 곳은 저 북녘 땅 하늘이었다.

수행원들의 부축을 받으며 80노구를 이끌고 반세기만의 고향방문을 시도한 노기업가의 주름진 얼굴에 잔잔한 미소가 번졌다.

아무쪼록 7박 8일간의 일정을 무사히 마치고 건강한 모습으로 돌아오길 기대해보면서 좋은 성과 있길 빌어본다.

북한에서는 천여 마리나 되는 소떼를 산채로 아무 대가없이 실어다 바쳐 준 북에선 과연 어떤 반응과 기대로 받아드려지고 있을까?

열 길 물속은 알아도 한 길 사람 속은 모른다는 말도 있지만!...

그 옛날 소 판 돈 70원을 들고 강원도 산골 집을 뛰쳐나온 젖값으로 받아드리기엔 너무나 엄청난 대가이기에 금방이라도 동강 난 허리가 이어질 것 같은 착각 속에 마음은 뜬구름처럼 허공에 맴돌았다. 생각해보면 그동안 이산의 아픔과 한 맺힌 설움을 가슴에 묻은 채 숱한 굴곡의 삶을 살아온 세월이 이제는 눈앞에 다가선 가파른 노을 길을 피해갈 수 없는 입지적인 대기업가의 회한과 일깨움이 계기가 되었으리라.

반세기 동안을 피와 땀과 노력과 눈물로 일궈 낸 재벌의 일인자가 된 노장께서는 응어리진 이산의 아픔을 덜 수 있는 통일의 염원을 가슴에 안은 채 오늘에 이르게 되면서 그토록 엄청난 행사를 벌인 것 같다. 우리의 소원은 통일.~~

남과 북이 하나 되는 통일의 그날을 기대하고 소원하면서...

세계에서 가장 빼어난 우리의 금강산, 그 아름다운 경관을 살아생전 한번쯤 볼 수 있을까 했는데!... 비로소 역사적인 금강호를 필두로 해서 동해안의 드넓은 뱃길이 열리고. 그 뒤를 이어 풍악호, 봉래호가 화려한 탄생으로 동해 바다는 온통 불야성을 이뤘다.

남과 북이 막혔던 육로가 뚫려서 각종 차편으로 자유의 다리도 건널 수 있고 녹슨 기찻길도 이어져 왕래 할 수 있는 그날도 멀지 않았는데, 진정 이 모든 사실이 꿈이 아닌 현실로 다가와서 현재 많은 사람들은 금강산 구경을 하고 있다는 사실이 꿈만 같다.

화면 가득 아름다운 금강산의 장엄한 모습이 눈부시다. 아직도 땅은 남과 북으로 갈라져 있지만 태고의 신비를 그대로 간직한 채 아름다운 우리의 금강산은 의연한 자태로 거기 그 자리에 서 있다.

심산계곡을 따라 흐르는 물줄기는 굽이굽이 막힘이 없는데, 동강난 조국의 산하는 언제나 이어질 수 있을지! 북녘땅 어느 강가에서 어린 아기를 품에 안고 절규하던 한 여인의 참담한 모습이, TV화면에 언뜻 비친 것을 본 그때, 그 장면을 나는 아직도 생생히 기억한다. 오랫동안 굶주림에 견디다 못한 한 여인이 이름 모를 독초를 뜯어먹고 갑자기 복통을 일으킨 모양이다.

새하얗게 질린 얼굴로 강가에서 정신없이 오물을 토하는 처절한 광경을 본 순간 나는 말문이 막혔다. 참으로 어이가 없고 분통터지는 현실 앞에 그들에 대한 증오심과 환멸을 느끼면서 또 한 번 전율이 온 몸이 저리도록 대책 없는 행위가 밉기만 하다.

오늘날 그것이 저들의 허구와 가식으로 점철된 이념적 사상에 푹 젖은 북한의 실상이 아니던가!

엄마의 젖가슴을 파고들어 울며 보채는 어린 자식을 귀찮은 듯 밀어냈다가... 어느 순간 가슴에 꼭 껴안고 마지막 이별을 고하는 모성애... 살점을 도려내는 아픔에 가슴이 무너져 내렸다. 빛바랜 얼굴에 헝클어진 머리칼을 힘없이 쓸어 올리며 초점 잃은 눈망울로 맥없이 쓰러진 여인의 한 맺힌 설움이 복받쳤다. 험한 세상 혈육 한 점 남겨 놓고!

차마 눈 뜨고 볼 수 없는 참담한 현실을 화면을 통해 잠시 스쳐가는 장면을 목격한 순간 소름이 끼쳤다.

홀로 버려진 저 가련한 생명은 누가 거둘 것이며 아무도 눈여겨보지 않는 물안개 자욱한 강변에서 혼자 울다 지친 아가도 엄마 따라 저 세상으로 갔을까?

겨웁도록 서러운 아가의 울음소리만 긴 여운을 남긴 채, 강물은 말없이 흘러가고 있다.

두 차례 걸쳐 북녘 땅에 실려 간 소떼는 지금 어디에서 무엇을 하고 있을지, 살았는지! 죽었는지?... 그 후의 일이 궁금하지만 전혀 알 길이 없다.

아물지 않는 6.25사변의 상흔

때는 1950년 6.25사변이 터지던 그해 여름 서울이 함락되었을 즈음 대구시내도 피난민의 행렬이 줄을 이었다.

크고 작은 보따리를 이고 지고 앞서거니 뒤서거니 종종걸음 치며 살길을 찾아 목적 없이 나선 긴~행렬은 끝이 없었다.

당시 대구 근교에 자리 잡은 산새가 수려하고 공기 맑고 살기 좋은 수성구 범어동에 농사짓는 나의 외가댁이 살고 있었다.

봄, 여름, 가을, 겨울 4계절 따라 먹을 수 있는 이름도 다양한 수십 그루의 사과나무들이 빽빽이 들어찬 넓은 과수원집 앞마당, 뒤뜰, 꽃밭, 원두막 할 것 없이 빈자리마다 가득 메운 일가친척, 지인들, 할 것 없이 전쟁을 피해 근교에서 혹은 경북지역 산골 벽촌에서 몰려 온 피난민의 천막생활은 날이 갈수록 그 수가 더해갔다.

달성군, 월배, 화원 성서 등지에서 정든 집을 버리고 우선 먹을 것 입을 것만 대충 챙겨 온 보따리를 해쳐놓고 네 것 내 것 없이 나눠 먹으며 내일을 기약할 수 없는 전란 속에서 하루하루 목숨을 이어가는 피난 생활은 비참 그 자체나 다름없었다.

언제나 전쟁이 끝이 날는지 아무도 예측할 수 없는 상황이 계속되면서 마음은 불안에 떠느라 일이 손에 잡히지 않았다.

가족 수대로 배낭을 만들고 광목을 찢어 비상식량을 담을 주머니를 재봉틀로 박아내고 한켠에서는 찹쌀을 씻어 말린 다음 큰 가마솥에 장작불을 피워 볶아내면 디딜방아에 찧어 체로 쳐서 미숫가루를 만드느라 날마다 일손이 모자랄 지경이었다.

기르던 닭은 하루에 수도 없이 목을 비틀어 삶아먹고 볶아먹고 그것도 모자라 황소라도 때려눕혀 잡아먹을 기세들이었다.

닭장 문이 제 자리에 붙어 있지 못하고 삐걱거리며 흔들리고 차츰 옛날 전설에 나오는 유령 집으로 변해갔다. 축사에 가축들은 단 한 마리도 남아나지 않았으며 밭작물, 농작물도 씨를 말렸고 풀잎 하나도 살아남지 못했다. 전세는 점차 불리한 상황으로 치달으며 중공군까지 합세해서 인해전술을 펴는가 하면 피의 능선을 타고 갈가마귀처럼 새까맣게 밀려오기 시작할 즈음!...

괴뢰군이 대구 팔공산 일대를 침투했다는 가슴 죄는 소식을 전해들으면서 피난민들은 독안에 든 쥐꼴이 되어 이제는 꼼짝없이 죽었구나! 하는 위기감에 몸을 떨었다. 그 무렵 안동, 군위, 영천 등지에서의 치열한 격전으로 거의가 길이 막혀 버렸고 대구만 함락되면 완전히 전쟁은 패망하고 동서남북이 막혀버린 절망 앞에 그 어디에도 피해갈 길은 없었다.

동족상잔의 피비린내 나는 전쟁의 소용돌이 속에서 밀고 밀리는 치열한 싸움터에선 꽃다운 젊은이들의 희생만 늘어나고 아들과 남편 그리고 형제를 조국에 바친 그 전쟁의 상흔은 아직도 아물지 않은 채... 포성과 총성은 멈추지 않는 절박함 속에...

그러나 하늘은 결코 무심하지 않았다.

맥아더 장군의 인천 상륙작전이 성공하고 아군의 반격 작전에 더 이상 배겨나지 못한 괴뢰군은 패망의 선봉을 앞세우고 북으로 쫓겨가는 신세가 되었다. 그 후 전쟁은 얼마동안 더 끌면서 치열한 공방전이 계속되다가 휴전 협정이 체결되었다. 올해가 동족간의 전쟁 발발 60년째로 강산이 여섯 번 변한 오늘날까지, 아직도 허물지 못한 장벽은 그대로인 채 녹슨 기차 길은 언제 다시 이어지게 될 것이며 어느 세월에 자유의 다리는 자유롭게 마음 놓고 왕래할 수 있을까?...

원호의 달 6월을 맞아 이 땅에 남은 후손들은 그때 그 전쟁의 참혹했던 비극을 헤아릴 수 있다면 차라리 능선 비탈에 말없이 서 있는 비목 앞에 경건한 마음으로 고개 숙이리라!... 이 땅의 조국과 민족을 위해 장렬히 목숨 바친 호국영령들이여!.. 그대들이 있었기에 오늘 우리는 평안을 누리며 행복한 삶을 살아갈 수 있음에 향기로 남은 아름답고 숭고한 회생을 영원히 잊지 않겠습니다.

전쟁이 없는 천국에서 영민하시고 편히 잠드소서...

"보고 싶은 아들아!... 꿈에라도 보여다오"(국립묘지 비문 중에서)

- 2010년 6월 5일 작성

말의 아름다움(美學)을

마음속에 가득히 쌓인 것은 말이 되어 입을 통해 나옵니다. 말을 들으면 그 사람의 내면의 상태와 인격을 가늠할 수 있습니다. 반대로 입에서 나온 말이 마음의 모습을 만들기도 합니다.

믿음의 말을 하다 보면 마음의 그릇에 믿음이 담깁니다. 절망스러운 상황이지만 희망의 말을 하다 보면 마음의 정원에 소망의 꽃이 피어납니다. 불평하고 싶을 때 오히려 감사의 말을 하다보면 마음의 샘에서 맑은 샘물이 흘러내린다고 합니다.

말이 신체에도 영향을 미칩니다. 최근 의학계에서는 뇌 속에 있는 언어 중추신경이 모든 신경계를 지배하고 다스린다는 것을 정설로 받아들이고 있다고 합니다.

언어를 통하여 육체의 변화를 일으키는 언어치료법까지 생겼습니다.

우리 사회의 불거진 여러 문제들이 서로 나누는 밝은 언어, 행복한 언어, 믿음과 희망의 언어, 이해와 화해의 언어로 말미암아 해결의 실마리를 찾았으면 정말 좋겠습니다.

대통령의 권위(權位)

링컨 대통령이 백악관에서 자신의 구두를 닦고 있었다. 옆에 있던 사람이 깜짝 놀라 "아니, 대통령이 자기 구두를 직접 닦는다는 것은 말이 안 된다"고 했다. 링컨이 빙그레 웃으며 농담으로 응수했다. "그럼 대통령인 내가 남의 구두를 닦으라는 말이오."

대통령은 최고 권력자다. 무엇이든지 마음대로 할 수 있을 거라는 생각이 든다. 사실 대통령은 정책 결정권과 각종 인사권을 비롯해 국군통수권까지 갖고 있다. 그러나 그 권력은 자기 마음대로 사용하라고 건네진 것이 아니다.

모든 지도자는 섬김의 의무가 있다. 위임받은 권력을 '내 구두 닦는 일(사리사욕)'로 채운다면 반드시 파국을 맞게 돼 있다.

권력을 통해 이뤄야 할 사명이 무엇인지 명확히 깨달아야 한다. 지도자는 낮은 자리에서 바닥의 소리를 듣고, 심부름꾼이 되어야 성공한다. 예수님도 섬기는 자로 오셨기 때문이다.

"앉아서 먹는 자가 크냐 섬기는 자가 크냐 앉아서 먹는 자가 아니냐 그러나 나는 섬기는 자로 너희 중에 있느니라" (누가복음 22:27)

[追 以]

하나님의 자녀된 믿음으로 우리 모두 한마음 한뜻이 되어 끝없이 추락하고 있는 경

제, 나라와 민족을 위해. 그리고 대통령을 비롯해서 국무위원, 삼부요인, 국회의원들, 이 나라 국민을 다스리는 모든 위정자를 위해 기도해야겠습니다.

하루속히 경제가 안정돼서 치솟는 물가를 잡고, 날마다 번져가는 촛불시위에 동참하는 집회를 조용히 잠재워서 나라가 안정되고 경제가 살아나는 살기 좋은 시대가 하루속히 이루어지길 기도하면서 악을 원수로 갚지 말고 오직 선으로 악을 이기는 축복받은 우리 대한민국 국가가 됐으면 좋겠습니다.

이웃과 한 영혼을 위하여 중보하는 갈망 속에 빈부 격차 없이 다 함께 하나님의 축복받은 삶이 변화되고 비전 있는 믿는 자로서의 본이 되고 자신을 낮추며 겸손의 미덕을 실천하는 간절한 소망으로 이 시간도 기도해 봅니다.

"이와 같이 성령도 우리 연약함을 아시나니 우리가 마땅히 빌 바를 알지 못하나 오직 성령이 말할 수 없는 탄식으로 우리를 위하여 간구하시느니라" "마음을 감찰하시는 이가 성령의 생각을 아시나니 이는 성령이 하나님의 뜻대로 성도를 위하여 간구 하심이니라"

제 4 부

가시나무새

첫 사랑

시공을 초월한 지금 이 순간에도 먼 이역 땅 하늘 아래 태평양을 사이에 둔 첫 사랑의 님을 찾아 헤매던 두 영혼의 속삭임이 귓전에 메아리쳐 옵니다. 나의 눈길이 닿지 않는 머나먼 미지의 세계 속에 가려졌던 신비의 베일이 신의 섭리에 따라 거짓 없이 벗겨지는 한 순간입니다.

그 찬란한 꿈의 환상이 차츰 시야에 좁혀오는 엄연한 현실 앞에 가냘픈 한 여인의 떨려오는 가슴은 뚜렷이 정한 길을 찾지 못한 채 광야 같은 모래사막에서 홀로 서성이고 있습니다. 내 영혼의 목마름을 밤이슬에 젖은 잎새에 머물며 곤히 잠들고 싶은 적막 가운데서 그대 가쁜 숨결만이 귓가에 맴돌고 있습니다.

때 묻지 않은 순결하고 깨끗한 한줄기 빛이 양심에 비쳐올 때 참다운 사랑의 가치는 그 무엇과도 바꿀 수 없는 귀한 보석으로 기억될 것이며 생명수 샘물이 흘러넘치는 심연의 깊음 속에서 두 영혼의 고갈된 심령을 적시고 영원히 꺼지지 않을 등대의 길잡이가 되어주길 갈망합니다.

오랜 세월 참으로 긴 나날과 함께 그리움과 고독과 외로움의 뒤안길을 서성이며 헤쳐 온 세월이었기에... 그토록 오랜 기억 속에 묻혀 살면서 이제서야 겨우 실체에 가까운 길목에 이르러 끝없는 대화 속에 내일이 창조되고 무언의 교감 속에 영원은 존재할 것입니다.

사랑이란 대체 무엇일까요? 먼-훗날 꿈과 희망을 안고 목마른 사슴이 짝을 찾아 우주공간을 집시처럼 떠돌아야 하는 걸까요? 아무튼 우리는 지금 육안으로 보이지 않는 소리 없는 아픔을 견디며 자신을 채찍질하고 연단하면서 진실을 갈구하는 한 마리 새가 되어 비상의 나래를 펼쳐 당신을 찾아 머나-먼 여행길을 떠나고 싶은 심정입니다.

지금 이 순간에도 지워버릴 수 없는 연민의 정이 뜨거운 가슴속에 요원의 불길처럼 타오르고 있는 현실을 피해갈 수 없어 숨이 막혀 죽음이 다가올 듯 긴급한 순간입니다. 아-아 그러나 어찌합니까?

승화시킬 수 없는 숙명에 얽힌 사랑의 역사를...

하지만 스스로 택한 고통의 길이여서 보다 더한 아픔 있을지라도 가시덤불 헤치면서 이 생명 다하는 그날까지... 당신의 옷깃을 스쳐가는 한줄기 바람이 되고 싶습니다. 어느 누구에게도 들려줄 수 없는 비밀한 우리들만의 속삭임, 어느 세상에도 밝힐 수 없는 당신과 나와의 만남과 헤어짐이 영원토록 베일 속에 가려 지길 소망합니다.

당신은 바쁜 병원 일로 시간의 제한을 받으면서 이따금 대구 중심가에 자리 잡은 '록향음악실'에 들러 희미한 조명 아래서 다정한 눈빛으로 언제나 수술용 장갑을 낀 손톱이 검정색으로 변한 손길을 마주 잡은 채 클래식 음악을 감상하며 밤이 깊은 줄도 모르고 정담을 주고받던 그때 그 시절은 행복했던가요?...

그날의 추억들이 한없이 그립습니다.

당신 한국을 떠나시던 그날 대구역에서 배웅하고 차마 발길을 집으로 돌릴 수 없었습니다. 음악실에 들러 함께 앉던 그 자리를 찾아 쇼팽의 이별곡을 들으면서 얼마나 소리죽여 눈물을 흘렸는지 모릅니다.

그래서 일본의 어느 여류작가가 읊었다는 "아~아 과거는 아름답고 현실은 쓰다."

부디 이국땅에서 몸조심하시고 뜻하신 목적 꼭 성취하시고 돌아오세요.

1963년 10월 어느 날 기억 저편에 살아있는 실체로부터...

가시나무새

어디가 불편해서 학원(영문타자학원)엘 못 갔는지? 몹시 염려되고 궁금하네요. 밤길 성한 몸도 아닌 당신(오늘부터 이렇게 부르도록 허락해 주시오.)이기에 더욱 마음에 걸리니 부디 몸조심해 주시오.

고단하고 바쁜 나날이지만 내 아무리 고통스럽다 해도 당신의 고통에는 이르지 못할 것을 깨닫게 된 요즘 와서는 오히려 여러 가지 아픔이 가셔지는 것도 같습니다. 대중교통편을 이용할 때도 웬만해선 앉지를 않게 되었으며 또 그리해도 별로 힘든 줄 모르게 됐습니다.

당신이 겪은 그리고 지금도 겪고 있을 그 엄청난 아픔에 내 작은 아픔이 어찌 미칠 수가 있겠습니까?

밤새 내린 비가 한결 가슴에 차분한 느낌을 안겨줍니다. 정말 가슴을 적셔주는 비입니다.

우리의 헐벗은 영혼을 어루만져주는 빗속에 서서 울부짖지 않을 수 없는 눈물의 비입니다. 언제까지나 축축이 맞다가 선 채로 바위가 되고 싶은 그런 심정입니다. 당신 가슴속에 살아 있는 스스로의 모습을 발견하게 된 내가 한없이 원망스럽습니다.

어쩌자고 이처럼 무심한 광야에 내버려 두셨는지! 어찌하여 지금에서야 우리를 만나게 하셨는지! 그리고 그것으로 말미암은 무슨 견딜 수 없는 형벌... 마음의 고통을 안겨주게 되었는지? 절절한 안타까움이 가슴을 헤집어 놓습니다.

밤하늘에 반짝이는 무수한 별들을 바라보고 자신을 원망하며 남몰래 얼마나 울었는지 모릅니다.

하지만 모두가 때늦은 후회뿐, 그리움과 아쉬움만이 가슴이 쓰리도록 쌓이는 이 아픔을 어찌합니까?

우리는 지금 영혼을 달래며 영적 교섭으로만 온전한 삶을 이어가야 할 그런 비참함 속에 묻혀 이를 수 없는 인연을 부여잡은 채로 그리움에 갈망하는 타고난 운명인 것을...

어긋난 사랑의 미로가 어쩔 수 없는 신의 운명인 것 같습니다. 이것이 현실이요, 섭리인지 모릅니다.

누구에게나 저마다의 길이 있습니다. 외롭고 고독한 길이지만 그 길만이 스스로에게 주어진 참 길이라면 더듬어 가야 할 것입니다.

워낙 병원 일이 바쁘다 보니 오늘에야 이 글을 띄웁니다. 어쩌면 바쁜 것이 내게는 유익인지 모릅니다.

모든 시름을 잊을 수 있는 유일한 이유가 될 테니까요!

시인 릴케는 어느 한적한 교외 별장에서 정신적 성장에 결정적 영향을 끼쳐 준, 루 살로메와 동거했던 생각도 해 봅니다만 지금 우리 사이는 그럴 수도 없는 입장입니다. 건널 수 없는 다리 양끝에 서서 손을 뻗고 있지만 닿을 수 없는 거리에 서로 바라만 보고 있는 안타까운 실정입니다.

그러면서 마음은 가장 가까운 곳에 머물고 있습니다. 영원히 마주칠 수 없는 철로와도 같은 운명을 지닌 채 이 땅에 태어난 가시나무새처럼...

운명해 가면서도 인도 시성 Gothe는 사랑을 갈구했습니다. 그 갈구는 또 우리의 것이 될는지도 모를 일입니다. 학대받은 한 영혼의 그 무구한 발밑에 머리를 숙여 국궁하고 싶은 마음 간절했기에 돌아오는 어둔 길목이 차라리 밝아오는 느낌이기도 했습니다.

당신이 보내준 긴 사연의 편지를 읽던 그날 밤. 잠을 이루지 못했습니다. 하지만 어쩔 수 없는 것을...

용서 해 주어요. 당신에게 아무런 위안이나 도움이 되지 못하는 현실이 밉살스럽기만 합니다. 서로 일깨워 가노라면 아픔이라도 덜 수가 있을 텐데... 그래도 힘을 내도록 합시다.

더 참고 견디면 광명에 이르는 길 문이 분명 열리리라 믿습니다. 함께 더듬어 가십시다. 끝이 없는 망망대해를 함께 손잡고 헤엄쳐 나아갑시다. 아이디어의 촛불을 밝혀들고 시온의 대로를 향해 달려가야 합니다. 먼 훗날 메아리 칠 그 녹색의 숲에서 푸른 잔디밭에 누워 우리의 힘찬 노래를 불러요. 꾸준히 일기를 쓰세요. 그리고 힘내세요. 저도 힘을 내겠습니다. 우리에게 영적인 만남이 고작인 것 같습니다. 헷세는 얼마나 오래 견딜 수 있는가 시험하는 것을 사랑이라 하기도 했습니다만 잘 모르겠습니다. 언제나 만나면 헤어져 가는 인생...

언제나 파곤 묻어버리는 당신과 나. 모든 것은 어딘가가 어딘가로부터 잘못된 일투성이인 것만 같습니다. 세상에 아무렇게나 던져진 가엾게 숨 쉬는 모래알처럼... 타골(Tagol 인도의 시성)을 읽고 있지만 대개 가방 속에 넣어둔 채 시간을 보내니 딱하기만 합니다.

오늘은 모처럼 시간이 나서 몇 장 읽어보며 당신 생각을 많이 했습니다. [답장을 보내 주시오]

[주소] 미국 텍사스주 달라스 10. 메디칼 센터에서... L.로부터... 나의 사랑... 한 떨기 꽃! 부디 안녕...

[追以]

"이글은 그 옛날 1963년부터 1965년까지 주고받았던 첫 사랑의 연서 중 한 대목입니다."

이별은 또다시 만남을 위한 시작

사람이나 동물이나 짐승 같은 생명 있는 존재는 일생을 사는 동안 잊지 못할 사랑을 하다보면 결과는 이별이다. 산다는 것, 자체가 인간은 만물의 영장이며 만나고 헤어지는 순리에 따라 지속되는 모든 생명은 영원할 수 없기에 그 끝엔 필연코 이별이란 슬픔이 있다.

행복으로 끝이 나던, 비극으로 끝나든, 삶의 끝은 이별이다. 인간에겐 영원한 이별이나 순간적인 이별이라 할지라도 헤어짐 그 자체가 슬픔이요 눈물이다.

회자정리(回者定離) 원래 무상한 존재인 이상 그 누구도 이 원칙을 비켜갈 수는 없다.

"이별을 용서하자, 이별은 쉽게 늘어지고 가벼워지려는 우리의 일상에 대한 따끔한 채찍과도 같다. 만일 우리에게 그런 이별이 없었다면 오히려 서로에 대한 무게감이 훨씬 덜했을 것이다. 부재를 통하여 존재를 인식하는 것이 사랑이므로..."

이별은 그 나름대로의 아름다움을 지니고 있다. 이별은 아픔을 동반하게 마련이지만, 그것은 우리의 삶이 무의미하지 않기 때문일 것이다. 사랑은 이별을 통하여 참다운 의미와 진실이 드러난다.

사랑하는 이와의 이별의 순간은 내면에서 놀라운 변화가 일어나고 새롭게 눈 뜨는 광활한 미지의 세계가 보일 것이며 또한 열심히 구하고 찾고 두드리다 보면 분명 시온의 대로는 열릴 것이다.

참으로 사랑하는 사람이 있다면 그 또한 큰 이별을 위하여 있다는 사실을 알게 될 것이며 잊지 못할 사랑은 잊지 못할 이별을 낳게 마련이므로 이별 속에는 눈물과 더불어 '끝'이 있고, 그 '끝'은 절망인 동시에 또한 '절정'이므로...

몇 년 전 가장 가깝게 지내던 지인의 한 가족이 중국에 자리 잡은 지사로 발령받아 갑자기 한국의 본사를 떠나게 됐다. 그럭저럭 몇 개월 세월이 가다 보니 이제는 차츰 눈에서 멀어지면 마음에서도 멀어진다는 생각에 왠지? 자꾸 멀-게만 느껴지는 것은 아마도 헤어지는 아쉬움의 비중이 그만큼 크게 차지하고 있었다는 증거가 아닐까?

싫기도 하면서 아쉬운 이별을 두고 장래가 촉망되는 미래를 위하여 고국을 등지고 떠날 여정 길을 사랑하는 가족들 모두의 안녕과 행운을 빌며 맡은 업무와 기한을 무사히 마치고 다시 만날 그날을 기대한다. 끝없이 넓고 광활한 대륙, 낯선 중국 땅 이역에서 새로운 비전과 꿈을 펼쳐 가십시오.

이별은 슬프고 마음 허전하지만, 어차피 헤어짐은 또 다시 만남을 위한 시작이라 위로 삼고 떠나보내는 우리 모두 힘을 내겠습니다. 그리고 우리는 희망을 가지고 언젠가 다시 만날 그날을 위하여 푸르른 잎새들의 속삭임, 자연의 온갖 생명의 소리들을 공유하면서!... 먼 훗날을 기대 해 보겠습니다.

부디 안녕히 다녀오시고 가족 모두 건강하시길 기원합니다.

잃어버린 삶의 조각들 -리 이젤 지음-

여학교를 갓 졸업한 17세의 소녀가 어머니와 어린 두 여동생을 데리고 자신이 태어나고 자란 미국 필라델피아 빈민촌을 아버지의 혹독한 매질과 심한 폭행을 더 이상 당해낼 수 없어 센프란시스코에 사는 언니네 집으로 탈출한다.

딸만 다섯을 낳은 죄로 어머니는 날마다 아버지의 술주정을 참아내야 하고 분풀이의 대상이 되기도 했다.

그 중 아들 하나만이라도 있었다면... 아마 그 정도는 아니었을 것 같은데... 페인트공인 아버지는 밤이면 음란한 그림들로 사방 벽을 도배한 지하실, 어두컴컴한 방구석에서 표호하고 광란하는 알코올 중독자인 아버지 밑에서 어린 세 자매와 어머니는 죽도록 매를 맞고 살았다.

제2의 삶의 터전을 찾아 동부에서 서부로 달려 온 여정 끝에 언니네 집 근처에 방을 얻어 네 식구는 새로운 삶이 시작되는 자유와 희망에 부푼다. 조그만 범선을 제작하는 회사 비서직에 취직한 얼마 후 누가 상상이나 했을까?

생전 처음 본 잭이란 중년 남성으로부터 뜻하지 않게 강간을 당한다.

아버지의 주정으로 얻어맞는 데는 익숙해 있었지만 결코 성적으로 희롱당한 적 없었던 그녀는 모든 희망도 꿈도 한순간에 조각 나버린 현실 앞에 절규하며 분노한다. 그런 끔찍한 일을 당하기 전 어느 날 한 번도 이름을 들어본 적 없는 '빌리 그래함' 목사님의 전도집회에 나갔다가 그날 밤 설교를 듣고 감명을 받아 예수그리스도를 영접한다.

하지만 예수님을 영접한 얼마 후 감히 상상도 못했던 성폭행을 당한 그녀는 일평생 씻을 수 없는 육신의 오점을 갖게 된 후 신의 존재마저도 불신하는 절망 속으로 빠져든다. 차츰 시간이 흐르면서 그녀는 몸에 이상을 느끼고 병원을 찾는다.

믿기지 않지만 의사로부터 임신이란 사실을 듣고 "왜? 나는 왜? 나에게 이런 일이?" 또 한 번 절규하며 가슴 치는 분노가 폭풍처럼 밀려들면서 신을 원망한다. 그렇지만 상황이 바뀐 지 얼마 안 되어 당시는 그 엄청난 비극을 깨닫지 못했지만 눈에 보이지 않는 어떤 신에 의해 자신의 삶을 향한 섭리를 펼쳐나가고 있다는 사실을 어렴풋 깨닫게 된다.

뱃속에 아이는 자라고 산달은 가까운데 아이를 낳아서 기독교 가정에 입양시키기로 마음먹은 그녀는 입양기관을 찾아다니며 모든 수속을 마치고 나서 현대판 선한 사마리아인인 크로포드 부부의 가정으로 입주하게 되면서 친절한 그들 부부의 도움으로 무사히 아이를 출산하고 딸의 얼굴도 한번 보지 못한 채 그녀가 원했던 기독교 가정으로 보내진다.

슬픔과 좌절을 딛고 자신의 문제보다 큰 신의 위로와 의지함을 덧입은 그녀는 리 이젤이란 이름으로 유명한 작품과 광범위한 봉사 활동을 펼치면서 이웃을 사랑하고 새로운 가정을 이루며 역시 같은 사역을 하는 헬이란 남성을 만나 첫 번째 부인의 소생인 두 딸과 함께 재혼한 부인과도 사별하고 세 번째 아내로 결혼하게 된 리 이젤은 행복했다.

더할 나위 없이 순풍에 돛단 듯 순조로운 항해를 하는 가운데!... 20년의 세월이 흐른 어느 날 뜻하지 않는 편지 한 장이 그녀 앞으로 날아든다. 내용인즉 엄마를 찾는다는 딸의 애절한 사연이었다. 쥴리라는 이름을 가진 딸아이는 17세의 나이에 밥이란 청년과 결혼을 해서 벌써 3살 된 딸을 가진 엄마가 되어 있었다.

이로서 삼대의 세 모녀는 한자리에 모이게 되었고 엄마의 얼굴에 주름살만 빼고 서로 닮은 모습을 물끄러미 바라보면서 그동안 겪어 온 숱한 삶의 애환, 그리고 잃어버린 삶의 조각들을 6가지 분류로 맞추어지는 가슴 찡한 리 이젤 여사의 가시덤불 고난과 역경 속에서도 한 송이 꽃으로 피워낸 아름다운 삶의 체험담이다.

읽는 사람마다 공감할 수 있었으면 좋겠다는 바램으로 여기에 실어본다. 요즘처럼 찜통더위 속에 위풍당당한 이 여름도 어언간에 한풀 꺾일 것이며 머지않아 다가올 가을은 소망과 희망찬 꿈을 안고 분명 우리 곁으로 찾아올 것이다.

자신을 들여다보는 거울

“자신을 알려거든 다른 사람이 하는 것을 유심히 보라”는 말이 있습니다.

상대방이 자신의 거울임은 두말 할 나위가 없는 것이기 때문입니다.

좋은 것은 좋은 대로 받아 드리고 나쁜 것은 그것이 왜 나쁜가를 알게 되는 것으로 자신에게 유익함을 주게 되는 까닭입니다.

먼지가 없는 깨끗한 거울은 자신의 모습을 환하게 비춰 주지만. 먼지가 잔뜩 낀 거울은 자신의 모습을 희뿌옇게 보여주는 이치와 같습니다.

그러므로 자신 또한 상대방의 거울인 까닭에 경거망동한 행위를 삼가고 바른 몸과 마음을 지녀야 하겠습니다.

자신을 살피고 돌아볼 줄 아는 사람은 그렇지 않은 사람에 비해 보다 더 아름답고 평안한 삶을 영위해 나갈 수 있기를 소망하면서 보이지 않는 나 자신의 양심을 거울에 비쳐봅니다.

왜냐하면 자신을 살피고 들여다보는 것으로 해서 본인 자신이 옳고 그름을 알 수 있기 때문입니다.

그래서 잘못된 것이 있으면 고쳐서 바로 잡아야 하고 어긋난 실수나 잘못이 있다면 제 위치로 돌려놓아야 하는 것입니다. 그래야만 반듯한 사람이 될 수 있기 때문입니다.

누구에게나 필요한 사람이 되어 준다는 것은 참 즐거운 일이며 향기가 드러나는 행복한 삶의 지름길이 될 것입니다.

- 작가 미상

아름다운 황혼이고 싶습니다.

내 인생에 어김없이 노을이 찾아든다면...(이미 노을은 왔지만)
그 노을을 아끼고 사랑할 수 있는 사람이 되고 싶습니다.
해 저문 노을을 미소로 품을 수 있는 사람이 되고 싶습니다.
타들어 가는 석양의 꼬리를 잡고
마지막 인생을 넉넉하고 아름답게 회상할 수 있는
여유로운 삶의 이별의 노래를 부르고도 싶습니다.
마지막 가는 길마저도 향기롭게 맞이할 수 있는 사람으로
환한 미소로 두 눈을 감을 수 있는 사람이 되고 싶습니다.
마지막 순간까지 회한의 눈물이 아닌...
질펀하고도 끈끈한 삶의 눈시울을 붉힐 수 있는
찬란한 빛으로 오랜 흔적으로 남고 싶습니다.
온갖 돌부리에 채이고 옷깃을 적시는 삶의 빠듯한 여정일지라도
저문 노을빛 바다로 미소 띤 행복을 보낼 수 있다면...
그 어떤 삶의 고행도 기쁨으로 맞이하고 싶습니다.
진정... 노을빛과 한 덩어리로 조화롭게 섞일 수 있는
그런 사람으로 영원히 기억되고 싶습니다.

\- 작가 미상

초여름 밤의 농촌풍경

나날이 짙은 녹색으로 물들어가는 청청한 수목과 잎새들이 토해내는 입김으로 온 산자락마다 구비치는 푸른 물결을 타고 출렁인다. 모내기가 시작될 때면, 예전엔 바삐 움직이던 사람들의 손길은 다 어디로 숨어 버렸을까? 끝없는 들판에 사람의 그림자가 일체 눈에 띄지 않는 농촌의 허허로운 공간이 아쉽게만 느껴진다.

시대를 좇아 날로 발전하는 기계화, 문명의 혜택을 입은 농촌의 일손들이 차츰 기계화로 바뀌고 급속도로 급변하는 시대적 발돋움은 바람직한 성장이긴 하지만 옛 풍습에 길들여진 인간미 넘치고 사람 냄새가 풍기는 농촌의 넉넉한 인심은 이제 어디에도 찾아볼 수 없음이 못내 아쉽기만 하다.

그 옛날 우리들의 어린 시절에는 소박하고 정감어린 싸리문 탱자나무 울타리가 가문의 대물림처럼 이어져왔다.

그 낭만적인 풍습 농촌 인심은 시대의 뒤안으로 조용히 밀려나고 태평성대를 구가하며 풋풋한 나눔의 손길이 담 넘어 울 너머로 오고 가던 웃음과 사랑의 빛 갚음은 우리 선조들의 지혜로운 유산이라 기억되고 있다.

인정어린 품앗이는 그림자조차 보이지 않음이 오늘날 농촌의 실상이지만 하루가 다르게 시대적 변천에 따라 발전하는 축복받은 은총임을 다시 한번 감사하며 위안을 가져보자. 모내기철이면 줄 따라 한 가닥씩 모를 꼽으며 목청 높여 신명나게 주고받던 농요 가락은 당시 농민들의 유일한 애창곡이며 심금을 울려주던 한서린 마디마디가 지금도 귀에 쟁쟁한 그때 그 시절은 모심기 때만 볼 수 있었던 농촌의 구성진 풍습이었다.

한창 모를 심다가 시장기가 들면 시원한 막걸리 한 사발에 국수나 수제비를 새참으로 논두렁 밭두렁에 둘러앉아 시장기를 때우던 그때의 농촌풍경은 온데간데없어지고 고층 빌딩과 아파트 숲으로 자리 잡은 옛 동산의 아름다움과 낭만의 모습은 간데없고 이제는 옛 전설 속에 묻혀버린 아련한 추억으로 가물거린다.

새참이 끝나고 나면 다시 힘을 얻어 거머리가 득실거리는 물 논에 첨벙 발을 담그고 구성진 가락을 돌아가면서 한 소절씩 부르다 보면 얼마나 신명나고 힘이 절로 솟아나는지... 쌓인 피로가 확 풀리곤 했었다.

이제 꿈속에서나 찾아볼 수 있을까?... 지금 이 순간에도 자연의 순회에 아울러 논에서는 개구리 합창소리가 소란스럽다.

하지만 변화무상하게 올해도 어김없이 들녘에 익어가는 벼 이삭들과 탐스럽게 영글어 가는 열매. 온갖 과실들이 고운 빛으로 익어가는 약속의 땅 축복받은 아름다운 자연의 현상은 우주만물을 창조하시고 섭리하시는 뜻 가운데 이처럼 풍성한 열매와 알곡을 주시고 계절 따라 오색단풍, 들녘엔 오곡백과가 무르익을 황금물결이 출렁거릴 가을 시즌도 멀지 않아 찾아올 것이다.

- 2012년 5월 21일

존재의 의미를 두고 살아가는 인생

길모퉁이를 돌아서면 만날 수 있을까요?

바람 한 점 불지 않는 무더운 여름날 잃어버린 얼굴 하나가 떠오릅니다.

긴 세월을 유영하다가 침잠해 있던 그 얼굴은 직조된 무늬처럼 되살아납니다.

생각해보니 그 얼굴은 광야를 걸을 때마다 타는 갈증을 해소해 주셨고 축 처진 어깨를 감싸 주었습니다.

이제 마음 한구석에 영혼의 갈증을 잠재울 수 있는 샘물 하나를 두겠습니다.

그리고 언제나 당신을 찾겠습니다.

마음의 샘물 하나 둔다는 것은 크나큰 축복이며 행복이겠지요...

"웃을 때에도 마음의 슬픔이 있고 즐거움의 끝에도 근심이 있듯이"

"대저 명령은 등불이요. 법은 빛이요. 훈계의 책망은 곧 생명의 길이라 합니다..."

- 국민일보 영상 QT 중에서

소크라테스의 책에 대한 권면

소크라테스는 “이 세상에서 고생하지 않고 얻을 수 있는 것은 없다. 하지만 남이 고생해서 이룩한 것을 쉽게 얻을 수 있는 것이 있는데 그게 바로 독서”라고 했다.

책속에는 남이 수년 또는 평생을 고생한 결과가 고스란히 담겨 있기 때문이다. 그저 읽어서 전수를 받기만 하면 되는 것이다.

책을 가까이 두면 마음속에 푸른 숲을 두고 있는 것과 같다. 책은 우리의 마음을 정화하고 무한한 지혜를 저장하여 삶의 에너지를 제공해 준다.

인간생존에 필요한 물질적 에너지는 밥이나 음식을 제공하지만 정신적 에너지는 책을 통해서 공급받는다.

음식은 배부름이라는 느낌으로 확인되지만 독서는 당장에 효용이 확인되지 않는다.

그래서 독서는 우선순위에서 밀린다.

그러나 음식의 효용은 짧지만 독서의 효용은 평생 간다. 그래서 짧게 보는 사람은 음식을 탐하고 멀리 보는 사람은 책을 탐한다.

에디슨, 세종대왕, 빌 게이츠 등 성공한 사람들은 책을 통해서 부단히 정신적 에너지를 공급 받았다.

책은 시간과 공간을 초월해 만날 수 있는 스승이라고 바슬라르는 말했다.

책은 어느 때고 내가 필요할 때 옆에 있어 나를 지도하고 가르쳐 준다.

낮뿐만 아니라 깊은 밤 그리고 새벽에도 어디서나 책을 만날 수 있다.

하지만 똑같은 책이라도 그 속의 지식이나 정보의 양은 사람에 따라 다르다.

"아무리 유익한 책이라도 그 가치의 절반은 독자가 창조한다"고 볼테르는 설파했다.

책은 말없이 따라오는 인생의 반려자이다. 사람끼리의 반려에는 때로 기쁨과 눈물과 흥분이 있다.

그러나 책은 말없이 나의 앞길을 인도해준다. 화나지 않게 질책해주고 용기를 불어넣어 준다. 언제나 떨어져 있어도 잔잔한 여운을 주는 진정한 반려자이다.

[追以]

언젠가 책에서 읽고 메모해 뒀던 좋은 글이라 몇 구절 올렸습니다.

서울 총각 경상도 처녀

서울 총각과, 경상도 처녀가 결혼을 했습니다.

어느 날 남편이 우리 국수 삶아 먹자고 말했습니다.

아내가 하는 말, 국시지, 국수냐? 고 따져 물었습니다.

결혼한 지 얼마 안 된 이 부부는 국수라는 둥, 국시가 맞다는 둥으로 말다툼 하다가 동네 이장을 찾아가서 어느 것이 맞는 말인지 물어보기로 했습니다.

이장이 말했습니다. "국수와 국시는 재료가 다릅니다. 국수는 밀가루로 만든 것이고. 국시는 밀가리로 만든 것입니다."

'밀가루와 밀가리'는 어떻게 다릅니까?

"밀가루는 봉투에 넣어져 있는 것이고 밀가리는 봉다리에 담겨 있습니다." 또 이 말을 들은 부부는 이상하다는 듯 고개를 갸웃 거리며 다시 물었습니다.

봉투와 봉다리는 어떻게 다릅니까? "봉투는 기계로 찍은 것이고, 봉다리는 손으로 일일이 붙여서 만든 것입니다."

그렇습니다. 너무 세세히 따질 것도, 심하게 다툴 필요는 없습니다.

둥글둥글 다 포용하며 이해와 용서와 허물까지 덮어줄 수 있는 아량이 있어야 할 것입니다.

환상을 쫓는 여인 -토마스 하디 작-

세상에 그다지 알려져 있지 않는 무명시인 로버트 트리위와 장차 여류시인이 되겠다는 야망과 꿈을 가지고 작품의 세계를 구상하며 틈틈이 시를 쓰는 한 남자의 아내이자 세 자녀의 어머니인 엘라가 로멘틱한 사랑의 유희에 빠져 좀처럼 헤어나지 못하고 자기 혼자만이 생전 본 적 없는 시인 트리위를 짝 사랑하게 된 엘라!...

오랜 세월을 두고 오직 글로서만 주고받는 그리 흔치않은 내용 속에 담긴 그들만의 이야기는 참으로 환상적이었다.

그렇지만 엘라는 자신이 여성이라는 사실을 끝내 밝히지 않음으로해서 운명적인 비극은 시작된다.

엘라는 어느 무명시인의 이름을 도용해서 같은 同性인으로서의 순수한 내용의 글을 주고받기도 하고 가끔은 장난삼아 짜릿한 감정을 유발시키는 감미로운 내면을 드러내기도 했지만 고지식한 트리위는 여성이란 사실을 전혀 눈치 채지 못했던 것이다.

시인 트리위는 이성에 대한 아무런 흥미도 감정도 느끼지 못한 외롭고 고독한 삶을 지탱하며 살아가고 있었다.

그러던 어느 날, 엘라는 그 시인의 사진 한 장을 손에 쥐게 된다.

애정에 굶주린 여인은 그 사진 한 장을 가슴에 품고 밤낮 들여다보며 참을 수 없는 혼자만의 욕정을 불태우며 몸부림친다. 몇 번이나 만나기로 굳게 약속을 했지만 그때마다 공교롭게도 운명의 장난인지,

두 남녀의 만남은 끝내 이루지 못한 채 시인은 스스로 죽음을 결심하게 된다.

트리위는 결국 혼자만의 고독을 이겨내지 못하고 어느 깊은 산속 외로운 별장에서 스스로 목숨을 끊는 비극을 초래한다. 시인 트리위가 죽은 후에야 엘라 자신이 여성임을 진작 밝히지 않았던 잘못을 후회하고 몸부림쳤지만 때는 이미 늦었다.

그 후 엘라는 네 번째 아기를 출산하는 과정에서 해산의 고통을 이기지 못하고 평소 애정생활을 갖지 못했던 남편에게 그동안 있었던 자신의 행위를 솔직히 고백하고 용서를 구하며 빌던 아내는 조용히 숨을 거둔다.

엘라는 마지막 숨을 거두면서 그토록 남몰래 흠모하고 짝사랑했던 시인의 모습을 꼭 닮은 사내아이를 낳았다.

이 아기가 자라서 아장아장 걸음마를 배우게 된 어린 아들에게 그의 아빠는 자신에게 매달려 재롱부리는 아들을 향해 "넌 내 자식도 핏줄도 아무것도 아니야..."

비정한 그 한마디로 아빠라는 존재를 부인하며 소설은 끝을 맺는다.

교훈이 되는 예화 한 토막

덴마크의 실존주의 철학자 중 실태 고리라는 분이 계셨습니다. 이 분이 인생의 진리를 설명하기 위한 재밌는 예화가 있습니다. 어느 가을날 따뜻한 지방을 찾아 떼 지어 날아가는 철새들이 있었지요!...

한참을 날아가던 철새들이 땅위를 한번 내려다보게 됐습니다. 거긴 광활한 옥수수 밭이 무한대로 펼쳐져 있었습니다. 그런데 먹이를 본 철새들은 그냥 지나칠 수가 없었나 봅니다.

모두 내려 앉아 옥수수를 실컷 따먹은 후 떠나기로 합의를 봤습니다. 배불리 먹은 다른 친구들은 약속한대로 다시 남쪽을 향해 떠나려는데, 그 중 한 마리가 말했습니다. 여긴 이렇게 먹을 양식이 많은데 뭣 하러 힘들게 먼 길을 가느냐며 나는 혼자 이곳에 남아서 날마다 풍성한 옥수수를 먹으며 살겠다고 했습니다. 동료들이 다 떠난 후에도 계속 먹이를 배불리 먹으며 행복한 며칠이 지났습니다.

곧 겨울이 다가 왔습니다. 춥고 눈보라 치던 어느 날 이 어리석은 철새는 그만 굶어서 얼어 죽고 말았습니다.

이 이야기는 어리석은 인간에게 주는 교훈이며 세상 살아가는 지혜를 준 것입니다.^*^~~

당장 눈앞에 있는 옥수수밭은 보았어도 한치 앞의 미래는 보지 못했던 것입니다. 게으른 자는 먹고 자고 먹고 놀다가 결국은 비참한

최후를 맞게 된다는 예화입니다.

"욕심이 잉태한즉 죄를 낳고 죄가 장성한즉 사망을 낳느니라" (야고보서 1:15)

눈물의 역사

먼저 이 글을 쓰게 된 동기를 밝혀 둔다. 지난 2003년 11월 모 일간지에 실렸던 어느 동화작가가 쓴 에세이의 일부분이지만 우리 모두가 함께 공감할 수 있는 왠지? 그냥 지나쳐 버리기엔 가슴 한켠에 안타까움과 아쉬움 남아 여기에 올려본다.

우리 아파트 안에서도 많이 접할 수 있는 외국 근로자들이 겪는 아픔과 슬픔을 듣고 목격하면서 지난 5~60년대 우리 한국 역사에도 겪었던 '보릿고개'를 벗어나기 위해 혼신의 힘을 기울였던 시절이 우리에게도 있었다. 한국 경제가 세계 125개 국가 중 101위 국민소득 83달러로 후진국을 면치 못했던 때다.

제3공화국 초기. 많은 젊은이들은 낯선 땅 독일의 광부나 혹은 간호사로 떠나야 했던 한인 디아스포라.

직업만 주어진다면 탄광에서의 일도 마다하지 않았다. 폐가 시커멓게 되도록 1000m 갱내에서 날마다 탄가루를 마셔야 했고 골절상을 입거나, 눈이 보이지 않아 좌절하며 사망하는 사람도 있었다.

간호사의 처지도 비슷했다. 그들이 처음 맡았던 일은 알코올 묻힌 거즈로 사망한 사람의 몸을 닦거나 침대나 복도를 청소하는 것 등이었다. 비가 을씨년스레 내리는 밤이면 피로에 지친 몸을 달래며 그리운 고향을 생각하고 울었단다. 춥고 지친 밤, 힘들고 아파도 이국땅을 떠날 수 없었다.

"엄마! 돈 많이 벌어 올게."

공항 출구에서 외치던 우리의 젊은이들. 그리고 자식들을 두고 떠나는 엄마 아빠들. 이제 40여년의 세월이 흘렀다. 상황이 많이 달라져 외국인 근로자들이 돈을 벌기 위해 한국의 일자리를 찾아왔다.

그들은 3D 업종에서 중노동에 시달리며 가족을 뒷바라지하기 위해 희생되고 있다.

비쿠는 1000만원을 빌려 방글라데시에 있는 동생을 국내에 데려와 취직시켰으나 빌린 돈을 갚지 못해 고민해 왔다. 강제 출국 문제까지 나오자 눈물을 흘리며 어찌할 줄 모르다 결국 죽음을 택했다.

스리랑카 근로자 다리카는 달리던 전동차에 뛰어들어 숨졌다. 그는 다달이 100만원 가운데 80만원을 떼어 심한 당뇨병을 앓고 있는 고국의 어머니와 8식구 생활비로 보내는 착한 젊은이였다.

빈소 앞에는 전화카드와 고국에서 온 편지만이 덩그마니 놓여 이국땅에서의 외로운 죽음을 실감케 했다.

코리안 드림을 안고 한국에 와서 힘든 노동에 종사하다 결국 자살로 꿈을 접은 이들의 비극은 바로 우리의 아픔이며 비극일 수도 있다. 조선족 동포들 문제 또한 심각하다.

조국을 찾아 온 그들을 멸시하고 외면한다면 조국의 이미지 회복은 어려워질 것이다. 그들은 지금 조국의 국적을 회복해 달라고 목숨을 아끼지 않고 단식 농성까지 하고 있다. 임금 체불과 폭행, 저임금 노동에 더해 인권유린에 시달린 노동자들. 불법 체류자라 하여 쫓기며 숨어 살아 가기도 한다.

그들의 순진무구한 눈빛 속에 흐르는 눈물에 담긴 무언의 언어들. 그 속에 담겨 있는 외로움은 뼈와 살이 녹아내리는 처절한 아픔이었고 가족에 대한 그리움이었다. 타국이지만 따스한 조국애를 느끼게 하는 방안은 없을까?... 성장하는 한국이 그들의 꿈을 실현시키고 "제

2의 조국으로 이미지를 심어줄 수 있다면" 하는 심정은 우리 모두의 한결같은 바람일 것이다.

그로부터 10여년이 가까운 오늘날 다문화 시대가 열려 서로 서로 더불어 살아가는 공동체 안에서 행복을 누리며 한국 땅에서의 노동의 댓가를 소중히 여기는 이국땅 근로자가 됐으면 하는 바램뿐이다.

여왕의 季節 오월을 맞아

"온갖 싹이 돋아나는 아름다운 계절에/ 내 가슴속에서도 사랑은 눈을 떴소/

온갖 새들이 노래하는 사랑하는 시절 오월에/ 사랑을. 참다못해 임께 나는 하소연 했소"

기억나십니까? 하이네의 시 '사랑하는 오월에'의 한 대목입니다.

기타무라 다로(北村太郞)의 이 한마디는 어떤가요. "오월은 잘 닦아진 녹색의 귀결이."

피천덕(皮千得)은 "5월은 금방 찬물로 세수 한 스물한 살 청신한 얼굴"이라고 했지요.

여러분의 기억 속 5월은 어떻습니까? 정비석(鄭飛石)이 '청춘산맥'에서 쓴 것처럼 5월에 꾸는 꿈은 그것이 아무리 고달픈 꿈이라도 사랑의 꿈이 아니어서는 안 되는 것이었습니까.

타고르가 읊은 것처럼 마를 대로 마른 대지(大地)가 백열(白熱)속에 허덕이던 계절이었습니까. 제게 5월은 교정의 아카시아 향(香)과 독수리 다방의 커피 향입니다.

바라만 보고 있어도 행복했던. 죽을 때까지 그 기억을 잊지 못할 것 같은데 어느덧 저의 5월은 '청춘'대신 '가족'이 그 자리를 차지하고 있군요. 어린이 날. 어버이 날. 스승의 날이 줄을 잇습니다. 제게 5월은 마른 대지가 백열 속에 시달리는 것과 같으며 바로 세월을 반추하는 자신의 일깨움이었습니다.

[追 以]

오늘아침 조간신문을 읽다가 Why?란 제작노트 타이틀에 실린 5월에 대한 詩와 내용이 좋아서 몇 구절 펴다 옮겼습니다.

웃는 게 남는 장사

어영부영 보낸 오늘은 어제 죽은 사람이 그렇게도 갈망하던 내일입니다.

어찌 헛되이 하루를 보내시렵니까?

아무리 못생긴 사람도 이렇게 하루를 아끼고 달콤하게 보내려고 애쓰는데 말입니다.

억지로 웃으면 전신이 쑤시고 담이 결려 오나 정말로 웃으면 헬스클럽 다니는 것보다 좋습니다.

어느 사슴목장을 찾았습니다. 주인 어르신과 얘기를 나눴지요.

"사슴이 몇 마리나 되나요?"

"289마리요."

"그럼 어르신 올해 연세가 어떻게 되십니까?"

"한 80넘었는데, 끝자리는 잘 모르고 산다오"

"아니, 사슴 숫자는 정확히 아시면서 어찌 어르신 나이는 모르십니까?"

"그거야 사슴은 훔쳐가는 놈이 많아서 매일 세어 보지만 내 나이야 훔쳐가는 놈이 없어서 그냥저냥 산다오."

나이란 전 국민이 자동으로 매년 한 살씩 먹는 겁니다.

어떤 사람은 욕심이 많아서 서너 살씩 더 먹는 사람도 있지요.

어떤 사람은 맘이 착해서 서너 살씩 뚝 떼어서 남에게 그냥 주는 사람도 있어요.

같은 나이인데도 더 늙어 보이는 사람이 있는가 하면 젊어 보이는 사람도 있거든요.

장수마을에 갔더니 105세 어르신이 계셨습니다.

“장수 비결이 뭡니까?”

“안 죽으니깐 오래 살지!”

“올해 연세가 어떻게 되세요?”

“다섯 살밖에 안 먹었어.”

“네? 무슨 말씀이신지….”

“100살은 무거워서 집에다 두고 다녀.”

낙천적이고 긍정적인 생각이 장수의 비결이란 말이지요.

105세 어르신과 시골 장터를 걷는데, 앞에서 90세가 넘어 뵈는 할머님이 걸어오십니다.

“어르신, 저 할머니 한번 사귀어 보시죠? 한 70쯤 되어 뵈고 예쁘시구먼.”

“뭐야? 이놈이…. 저 늙은 할망구 데려다 뭔 고생하라고.”

그렇습니다.

할머님이 그 얘길 들었으면 자살하셨을지도 모를 일이지요.

전 그 장수 어르신의 끝 말씀이 제 생활의 지표가 되고 도움이 됩니다.

“저, 어르신. 105년 살면서 많은 사람들이 어르신 욕하고 음해하고 그래서 열 받았을 텐데, 그걸 어떻게 해결하고 이렇게 오래 사세요? 우리 같으면 못 참고 스트레스 받아서 죽었을 텐데요.”

그랬더니 너무나 간단한 답을 주셨다.

“그거야 쉽지. 욕을 하든 말든 내버려뒀더니 다 씹다가 먼저 죽었어. 나 욕하던 녀석은 세상에 한 놈도 안 남았어."

방송국 개그맨들이 파업을 하려고 한답니다.

왠지 아세요?

정치인들이 너무 웃겨서 개그맨들이 설 자리가 없기 때문이랍니다.

어느 날 한강변에서 모기 한 마리를 만났습니다.

그런데 국회의사당 근방에 사는 이 모기는 빨대가 더 길었습니다.

왜냐구요?

국회의원들의 얼굴이 두꺼워서 피 빠는데 힘들답니다.

누굴 부러워하지 마세요.

재벌들 다 돌아가시죠?

권력가들 다 돌아가시죠?

차 좋은 거 타는 사람도 언젠간 다 죽죠?

죽는 게 사실이라면 사는 동안에

즐겁게 사셔야 할 거 아닙니까?

별 차이 아닙니다.

부자는 회원권으로 살고,

빈자(貧者)는 회수권으로 살고.

부자는 맨션에서 살고,

빈자는 맨손으로 삽니다.

부자는 사우나에서 땀 빼고,

빈자는 사우디(사우디아라비아)에서 땀 빼고,

부자는 헬스클럽에 다니고,

빈자는 핼쑥한 얼굴로 다니고,

부자는 변기에 앉아서 일 보나,

빈자는 쪼그리고 앉아서 일을 봅니다.

잘 보세요.

글자 한자 차이일 뿐 별로 불편할 것 없고

차라리 빈자가 낭만적이고 살맛나지 않습니까?

키가 작은 사람도 주눅 들지 않습니다.

키 작은 사람 중에 중국의 덩샤오핑이있습니다.

그분이 이런 말씀을 하셨죠.

"하늘이 무너져도 난 두려워하지 않는다. 하늘이 무너진다면 키 큰 사람이 먼저 다친다."

아주 속 시원한 말씀이죠.

배가 많이 나오신 분들도 걱정하지 마세요.

걸어가다가 차가 와서 받아도 배가 먼저 닿기 때문에 에어백 역할을 하니까 가운데 중요한 건 끄떡없을 테니까요.

고등학교 때 선생님께서 저희들에게 장래 희망을 물어보셨습니다.

"영철이 커서 뭐 될래?"

"네 저는 장군이 되고 싶습니다."

"영숙이는?"

"저는 여자니까 애 낳고 평범하게 살래요."

"상용이는?"

"저는 큰 꿈은 없고요. 영숙이가 애 낳는데 협조하고 싶습니다.

솔직하게 살면 사는 재미가 솔솔 납니다.

요즘 헌혈하는 사람이 적답니다.

길에서 헌혈하라고 권하면 뿌리치면서 핑계가 많습니다.

바람둥이에게 헌혈하라면 "어젯밤에 쌍코피가 나서 피가 부족하다"고 하죠.

구두쇠는 "난 찔러도 피 한 방울도 안 난다"고 하고요.

골초들은 "내 피를 어떻게 임산부나 애들에게 주겠느냐"고 도망가고,

나이 드신 분들은 “내 피는 유통기간이 지나서 못 써!” 라고 한답니다.

빙그레~ 웃음이 피어오르는 얘기이지요^^

의미 있는 글이기도 하구요^^ 늘 즐겁고 행복하시구 댓글에서 뵙기를 ~^^*^^

- 퍼 온 글입니다.

시간의 소중함

1년의 소중함을 알고 싶으면
입학시험에 떨어진 학생들에게 물어 보십시오.
1년이라는 시간이 얼마나 짧은지 알게 될 것입니다.

한 달의 소중함을 알고 싶으면
미숙아를 낳은 산모에게 물어 보십시오.
한 달이라는 시간이 얼마나 힘든 시간인지 알게 될 것입니다.

한 주의 소중함을 알고 싶으면
주간잡지 편집장에게 물어 보십시오.
한 주라는 시간이 쉴 새 없이 돌아간다는 것을 알게 될 것입니다.

하루의 소중함을 알고 싶으면
아이가 딸린 일용직 근로자에게 물어 보십시오.
하루라는 시간이 정말 소중한 시간이라는 것을 알게 될 것입니다.

한 시간의 소중함을 알고 싶으면
약속 장소에서 애인을 기다리는 사람에게 물어 보십시오.
한 시간이라는 시간이 정말로 길다는 것을 알게 될 것입니다.

1분의 소중함을 알고 싶으면
기차를 놓친 사람에게 물어 보십시오.
1분이라는 시간이 얼마나 소중한지 알게 될 것입니다.

1초의 소중함을 알고 싶으면
간신히 교통사고를 모면한 사람에게 물어 보십시오.
1초라는 그 짧은 시간이 운명을 가를 수 있는 시간이라는 것을 알게 될 것입니다.

1000분의 1초의 소중함을 알고 싶으면
올림픽에서 아쉽게 은메달을 딴 사람에게 물어 보십시오.
1000분의 1초라는 시간을 단축해 신기록을 세울 수 있다는 것을 알게 될 것입니다.

당신에게 다가오는 모든 순간을 소중히 여기십시오.
시간은 아무도 기다려주지 않습니다.
어제는 이미 지나간 역사이며, 미래는 누구도 알 수 없는 신비일 뿐입니다.
오늘이야말로 당신에게 주어진 최고의 선물입니다.
그래서 우리는 현재(Present)를 선물(Present)이라고 합니다.

출처: 『단 한 줄의 승리학』(48~49쪽)김형섭 지음, 밀리언 하우스 펴냄

작은 일부터 힘써라

런던 빈민가에서 3류 필경사로 일하던 청년이 있었다.

그는 밤늦게까지 남의 책을 베끼는 일을 해야 했다.

그러나 '첫 직업'인 이 일을 청년은 단순노동으로 하지 않고 의미를 찾아가며 열심히 일했다.

35세 때 그는『파리대왕』이란 첫 소설을 발표했는데 이 작품은 무려 450만부나 팔리는 베스트셀러가 되었다.

그가 바로 1983년 노벨문학상수상자인 윌리엄 골딩이다.

'작은 일'에 충실했던 3류 필경사가 위대한 작가로 성장한 것이다.

"네가 지극히 작은 것에 충성하였으니 열 고을 권세를 차지하라"

- 좋은 생각 중에서 퍼온 글

사순절을 깊이 묵상하면서

지금 사순절이 시작됐습니다. 사순절은 예수님이 십자가를 지신 날까지의 40일간을 말하는 것이며 회개와 반성으로 조용하게 자신을 돌아보는 절기이다.

사람이 하기 힘든 일 세 가지가 있다. 그 중 제일 미운 사람에게 정을 주는 일과, 싫어하는 사람을 받아 드리는 일, 별것도 아닌 걸로 회개하는 일이다.

그 가운데 세 번째가 가장 어렵다. 드러난 것을 회개하는 것은 어쩔 수 없는 일이니까 회개라고 할 수도 없다. 회개란...자발적인 성격을 띤다.

누가 추궁해서가 아니라 오히려 숨기고 있으면 더 무사하고 체면도 서고 존경도 받을 수 있을 때 자진해서 "내가 잘못했다"고 말하는 것이 회개이다. 이런 회개를 할 수 있는 사람이 진정한 인격자이다. 더군다나 하나님의 눈을 가릴 수는 없는데 회개를 유보하는 것은 어리석은 사람이다.

가장 향기로운 제물이 참회하는 마음이다. 회개는 일단 정지신호이다. 자기 힘에 의한 스피드를 일단 포기하고 신의 은총에 자기를 의탁하는 것이다. 회개란? 두 가지 눈을 가지고 있다. 하나는 눈물고인 눈으로 지난날들을 돌이켜 보는 것이며 다른 하나는 감격에 찬 눈망울로 미래를 바라보는 눈이다.

회개는 나만이 아는 나의 취약점을 하나님께 정직하게 고백하고 용서를 구하는 겸손한 태도이다.

프레이 박사의 눈물에 대한 연구는 참으로 재미있는 일화이다. 그는 양파껍질을 벗길 때 흘리는 것과 같은 자연 생산적인 눈물과 정서가 움직여서 나오는 눈물과 그 화학성분이나 사람에게 미치는 영향이 다르다는 것을 과학적으로 증명했다. 정서적으로 흘리는 눈물은 육체적으로나 정신적으로 치료의 효력을 가지고 있다고 한다. 흔히 실컷 울고 나면 속이 후련해진다는 경험을 과학적으로 입증이 된 것이다. 훌쩍훌쩍 흐느껴 울 때보다 큰 소리로 목 놓아 울 때의 눈물이 훨씬 효력이 크다고 한다. 참회는 하나님께 털어 놓는 것인데 이것은 심리적으로도 굉장한 효과를 발휘한다.

참회의 계절, 사순절을 맞아 우리 모두 옷을 찢지 말고 마음을 찢는 통회의 눈물을 흘려 주님을 위로해 드림이 어떨는지요?

나의 죄를 위해 죄 없이 십자가의 고난 당하신 주님의 형상을 가슴 저린 눈빛으로 바라보며 깊이 묵상하고 마음을 가다듬는 일깨움이 됐으면 좋겠습니다.

- 어느 목사님의 글 중에서.

김경화 에세이집
눈 속에 피고 지는 이름없는 들꽃처럼

2013년 3월 15일 인쇄
2013년 3월 20일 발행

지은이 김 경 화
펴낸이 신 용 호
펴낸곳 창조문학사

서울 서대문구 가좌로 86 동천아카데미 5층
등록번호 제1-263호
전화 374-9011 FAX 374-5217
공급처 한국출판협동조합 전화 716-5616~9

파본은 바꾸어 드립니다.
값 10,000원
ISBN 978-89-7734-341-2